ECUMENISMO

Dados Internacionais de Catalogação na Publicação (CIP)
(Câmara Brasileira do Livro, SP, Brasil)

Berkenbrock, Volney J.
  Ecumenismo : a difícil arte do diálogo entre os cristãos / Volney J. Berkenbrock. – Petrópolis, RJ : Vozes, 2024. – (Coleção Iniciação à Teologia)
  Bibliografia
  ISBN 978-85-326-6665-9
  1. Cristianismo – História 2. Ecumenismo 3. Teologia I. Título. II. Série.

23-177272   CDD-262.0011

Índices para catálogo sistemático:
1. Ecumenismo : Eclesiologia : Cristianismo 262.0011
Eliane de Freitas Leite - Bibliotecária - CRB 8/8415

VOLNEY J. BERKENBROCK

ECUMENISMO
a difícil arte do diálogo
entre os cristãos

Petrópolis

© 2024, Editora Vozes Ltda.
Rua Frei Luís, 100
25689-900 Petrópolis, RJ
www.vozes.com.br
Brasil

Todos os direitos reservados. Nenhuma parte desta obra poderá ser reproduzida ou transmitida por qualquer forma e/ou quaisquer meios (eletrônico ou mecânico, incluindo fotocópia e gravação) ou arquivada em qualquer sistema ou banco de dados sem permissão escrita da editora.

CONSELHO EDITORIAL

Diretor
Volney J. Berkenbrock

Editores
Aline dos Santos Carneiro
Edrian Josué Pasini
Marilac Loraine Oleniki
Welder Lancieri Marchini

Conselheiros
Elói Dionísio Piva
Francisco Morás
Gilberto Gonçalves Garcia
Ludovico Garmus
Teobaldo Heidemann

Secretário executivo
Leonardo A.R.T. dos Santos

Editoração: Israel Meneses Santos Vilas Bôas
Diagramação: Sheilandre Desenvolvimento Gráfico
Revisão gráfica: Alessandra Karl
Capa: Editora vozes

ISBN 978-85-326-6665-9

Este livro foi composto e impresso pela Editora Vozes Ltda.

Sumário

Apresentação à segunda edição da Coleção Iniciação à Teologia, 7
Prefácio, 11
Introdução, 15
1 Ecumenismo: a palavra, a sua história e as suas implicações, 19
  1.1 Ecumenismo: breve histórico de uma palavra, 19
  1.2 Por uma definição de ecumenismo, 25
  1.3 Diversidade de ecumenismos, 32
  1.4 Busca de novos paradigmas para o ecumenismo, 36
2 Divisões e unidade na história cristã, 49
  2.1 Breve histórico das divisões institucionais dentro do cristianismo, 49
  2.2 O esforço pela unidade na história cristã, 89
3 Se o Senhor não construir a casa, em vão trabalham os que a constroem: o espírito do ecumenismo, 104
  3.1 O Deus uno e trino: unidade e comunidade, 106
  3.2 Inspirações bíblicas para a unidade, 108
  3.3 Teologia ecumênica: convivência cristã e fé cristã, 117

4 Propostas ecumênicas de tradições eclesiais, 124
   4.1 As famílias confessionais: o exemplo luterano, 126
   4.2 A proposta do Conselho Mundial de Igrejas, 130
   4.3 O ecumenismo na base: ecumenismo prático, 137
   4.4 A proposta católico-romana para o ecumenismo, 138
   4.5 O ecumenismo no Brasil, 158
   4.6 A Conferência Nacional dos Bispos do Brasil (CNBB) e o ecumenismo, 166

5 Pentecostalismo e ecumenismo: um fenômeno especial, 169
   5.1 O fenômeno do pentecostalismo, 170
   5.2 A identidade na diferença, 175
   5.3 É possível um ecumenismo católico-pentecostal?, 178

6 Ecumenismo a varejo: sugestões para práticas ecumênicas nas comunidades, 183
   6.1 Ocasiões ecumênicas, 184
   6.2 Passos na busca ecumênica das comunidades, 188
   6.3 Problemas comuns do cotidiano ecumênico, 190
   6.4 Algumas indicações simples e práticas, 194

Conclusão – O sonho do Pai: uma parábola ecumênica, 197

Referências, 203

Apresentação à segunda edição da Coleção Iniciação à Teologia

Uma coleção de teologia, escrita por autores brasileiros, leva-nos a pensar a função do teólogo no seio da Igreja. Tal função só pode ser entendida como atitude daquele que busca entender a fé que professa, e, por isso, faz teologia. Esse teólogo assume, então, a postura de produzir um pensamento sobre determinados temas, estabelecendo um diálogo entre a realidade vivida e a teologia pensada ao longo da história, e se caracteriza por articular os temas relativos à fé e à vivência cristã a partir de seu contexto. Exemplos claros desse diálogo, com situações concretas, são Agostinho ou Tomás de Aquino, que posteriormente tiveram muitas de suas teorias incorporadas à doutrina cristã-católica, mas que a princípio buscaram estabelecer um diálogo entre a fé e aquele determinado contexto histórico. Como conceber um teólogo que se limita a reproduzir as doutrinas pensadas ao longo da história? Longe de ser alguém arbitrário ou que assuma uma posição de déspota, o teólogo é aquele que dialoga com o mundo e com a tradição. Formando a tríade teólogo-tradição-mundo, encontramos um equilíbrio saudável que faz com que o teólogo ofereça subsídios para a fé cristã, ao mesmo tempo que é fruto do contexto eclesial em que vive.

Outra característica que o acompanha é a de ser filho da comunidade eclesial, e, como tal, deve fazer de seu ofício um serviço aos cristãos. Se consideramos que esses cristãos estão inseridos em realidades concretas, cada teólogo é desafiado a oferecer pistas, respostas ou perspectivas teológicas que auxiliem na construção da identidade cristã que nunca está fora de seu contexto, mas acontece justamente na relação dialógica com ele. Se o contexto é sempre novo, também a teologia se renova. Por isso o teólogo olha novos horizontes e desbrava novos caminhos a partir da experiência da fé.

O período do Concílio Vaticano II (1962-1965) consagrou novos ares à teologia europeia, influenciada pela *Nouvelle Théologie*, pelos movimentos bíblicos e litúrgicos, dentre outros. A teologia, em contexto de modernidade, apresentou sua contribuição aos processos conciliares, sobretudo na perspectiva do diálogo que ela própria estabelece com a modernidade, realidade latente no contexto europeu. A primavera teológica, marcada por expressiva produção intelectual e pelo contato com as várias dimensões humanas, sociais e eclesiais, também chega à América Latina. As conferências de Medellín (1968) e Puebla (1979) trazem a ressonância de vários teólogos latino-americanos que, diferente da teologia europeia, já não dialogam com a modernidade, mas com suas consequências, vistas principalmente no contexto socioeconômico. Desse diálogo surge a Teologia da Libertação e sua expressiva produção editorial. A Editora Vozes, nesse período, foi um canal privilegiado de publicações, e produziu a coleção *Teologia & Libertação* que reuniu grandes nomes na perspectiva da teologia com a realidade eclesial latino-americana. Também nesse período, houve uma reformulação conceitual na *REB* (Revista Eclesiástica Brasileira), organizada pelo ITF (Instituto Teológico Franciscano), sendo impressa e distribuída pela Editora Vozes. Ela deixou de ser canal de formação eclesiástica para se tornar um meio de veiculação da produção teológica brasileira.

Embora muitos teólogos continuassem produzindo, nas décadas do final do século XX e início do XXI, o pensamento teológico deixou de ter a efervescência do pós-concílio. Vivemos um momento antitético da primavera conciliar, denominado por muitos teólogos como inverno teológico. Assumiu-se a teologia da repetição doutrinária como padrão teológico e os manuais históricos – muito úteis e necessários para a construção de um substrato teológico – que passaram a dominar o espaço editorial. Essa foi a expressão de uma geração de teólogos que assumiu a postura de não mais produzir teologia, mas a de reafirmar aspectos doutrinários da Igreja. O papado de Francisco marcou o início de um novo momento, chancelando a produção de teólogos como Pagola, Castillo, e em contexto latino-americano, Gustavo Gutiérrez. A teologia voltou a ser espaço de produção e muitos teólogos passaram a se sentir mais responsáveis por oferecerem ao público leitor um material consonante com esse momento.

Em 2004, o ITF, administrado pelos franciscanos da Província da Imaculada, outrora responsável pela coleção *Teologia & Libertação* e ainda responsável pela *REB*, organizou a coleção *Iniciação à Teologia*. O Brasil vivia a efervescência dos cursos de teologia para leigos, e a coleção tinha o objetivo de oferecer a esse perfil de leitor uma série de manuais que exploravam o que havia de basilar em cada área da teologia. A perspectiva era oferecer um substrato teológico aos leigos que buscavam o entendimento da fé. Em 2019, passamos por uma reformulação desta coleção. Além de visarmos um diálogo com os alunos de graduação em teologia, queremos que a coleção seja espaço para a produção teológica nacional. Teólogos renomados, que têm seus nomes marcados na história da teologia brasileira, dividem o espaço com a nova geração de teólogos, que também já mostraram sua capacidade intelectual e acadêmica. Todos eles têm em comum a característica de sintetizarem em seus manuais a produção teológica que é fruto do trabalho.

A coleção *Iniciação à teologia*, em sua nova reformulação, conta com volumes que tratam das Escrituras, da Teologia Sistemática, Teologia Histórica e Teologia Prática. Os volumes que estavam presentes na primeira edição serão reeditados; alguns com reformulações trazidas por seus autores. Os títulos escritos por Alberto Beckhäuser e Antônio Moser, renomados autores em suas respectivas áreas, serão reeditados segundo os originais, visto que o conteúdo continua relevante. Novos títulos serão publicados à medida que forem finalizados. O objetivo é oferecermos manuais às disciplinas teológicas, escritos por autores nacionais. Essa parceria da Editora Vozes com os teólogos brasileiros é expressão dos novos tempos da teologia, que busca trazer o espírito primaveril para o ambiente de produção teológica, e, consequentemente, oferecermos um material de qualidade, para que estudantes de teologia, bem como teólogos e teólogas, busquem aporte para seu trabalho cotidiano.

Welder Lancieri Marchini
Editor teológico, Vozes
Coordenador da coleção

Francisco Morás
Professor do ITF
Coordenador da coleção

Prefácio

A vida eclesial é dinâmica e, a cada tempo, recebe diferentes contornos de acordo com as motivações próprias de seu contexto. Assim podemos identificar diferentes perspectivas eclesiais de acordo com a ótica de cada tempo ou cultura. Quando tratamos das relações ecumênicas, a influência das dinâmicas eclesiais fica ainda mais evidente. Em tempos de reafirmação de identidades institucionais, sobretudo por parte de grupos conservadores ou com características fundamentalistas, ficam mais evidentes as barreiras em relação ao ecumenismo, que passa a ser entendido como um risco à fé dos grupos específicos.

Uma questão é certa: o mundo é plural e essa característica se faz presente também na vivência religiosa. Desde a sua origem o cristianismo é plural. Por vezes essa pluralidade é aceita com mais facilidade, mas, em outros momentos, ela é sutil ou explicitamente combatida. No cenário moderno, com as várias reformas religiosas, a pluralidade passa a se fazer presente nas diferentes igrejas cristãs. Na atualidade encontramos tamanha pluralidade de igrejas que o ecumenismo passou a ser viável nas denominações de maior tradição histórica, que de alguma forma conseguem se aproximar até por suas perspectivas menos proselitistas.

Diante de um universo plural irreversível, com identidades, institucionalidades e até doutrinas que pregam perspectivas por vezes antagônicas, como entender o diálogo entre os cristãos? Mais ainda, como entender a perspectiva de unidade tão empregada nos diálogos ecumênicos? Torna-se essencial explicitar de qual esfera de ecumenismo tratamos. Há o ecumenismo em âmbito institucional, que acontece quando diferentes igrejas se encontram, seja porque seus líderes se fazem presentes em uma discussão doutrinal, seja para acordos que acontecem em nível das instituições; o ecumenismo também pode acontecer em perspectiva espiritual, quando não existe a preocupação com as instituições, mas com a mensagem de Jesus e do Evangelho; o ecumenismo local, talvez o mais concreto, é consequência do encontro entre as diferentes comunidades cristãs que não acontece em nome das instituições, mas das próprias comunidades. Em qualquer uma das esferas ecumênicas encontramos conflitos e arestas que talvez nunca sejam aparadas, isso porque o ecumenismo não tem a pretensão de uniformidade, mas de comunhão, o que pode acontecer mesmo na diversidade entre as diferentes igrejas.

A obra de Volney J. Berkenbrock que aqui apresentamos traz algumas especificidades que contribuem para o melhor entendimento do ecumenismo. Versando entre os cenários da Teologia e da Ciência da Religião, o autor compõe seu raciocínio com elementos próprios do universo cultural e histórico, com todos os seus limites no que diz respeito ao diálogo entre os cristãos, mas também coloca os horizontes teológicos que são empregados nas relações ecumênicas. Na prática, o ecumenismo não acontece sem o esforço daqueles que buscam, nas diferentes esferas das relações entre os cristãos, construir espaços ecumênicos, sendo uma negociação entre as perspectivas teológicas e os limites históricos.

A produção teológica tem uma importante função nas práticas ecumênicas. Teólogos e teólogas podem estabelecer critérios para que o ecumenismo se torne viável. Também haverá teólogos e teólogas que poderão construir narrativas antiecumênicas centradas na pretensão de um cristianismo de uniformidade institucional. Esperamos que as reflexões que aqui oferecemos possam agregar à formação teológica de tantos estudantes, sejam do ambiente acadêmico ou pastoral, no sentido de entenderem o ecumenismo para além dos preconceitos.

Welder Lancieri Marchini
Editor teológico, Vozes
Coordenador da coleção

Francisco Morás
Professor do ITF
Coordenador da coleção

Introdução

"Que todos sejam um" (Jo 17,21), "e haverá um só rebanho e um só pastor" (Jo 10,16), "todos saberão que sois meus discípulos, se vos amardes uns aos outros" (Jo 13,35): essas são expressões do Evangelho que nos interrogam profundamente quando observamos a situação atual das relações entre os cristãos de diferentes denominações. Poucas coisas nos parecem mais distantes dessas afirmações do Evangelho do que essas relações. Em vez de unidade, observam-se profundas divisões, tanto entre instituições como entre pessoas; há muitos pastores e muitos rebanhos; percebe-se um espírito de concorrência, uma postura defensiva e ofensiva diante do *outro* cristão; há não somente malquerença, maledicência e até ódio, como também inimizade e perseguição mútua. Para quem lê, por um lado, o Evangelho, no qual se afirma que amar o próximo como a si mesmo (Mt 22,39) é o segundo maior mandamento, depois do amor a Deus, e observa, por outro lado, a situação de divisão na qual vivem os discípulos de Jesus Cristo, não há outra palavra para caracterizar essa realidade senão "escândalo".

Quando a analisamos sob a óptica da mensagem do Evangelho, a realidade de desunião e desavença entre fiéis cristãos de diferentes confissões e instituições eclesiásticas é simplesmente um escândalo, algo antievangélico. Ainda que haja motivos históricos, causas importantes e a possibilidade da pluralidade de instituições etc., não há nenhum motivo que justifique tais situações de desentendimento. Diante do Evangelho de Jesus Cristo, a discórdia é simplesmente um desserviço claro àquilo em que se professa crer e ao que se professa viver.

A vontade expressa de se reverter essa situação e de transformar essa vergonhosa divisão entre cristãos pode ser resumida em uma palavra: "ecumenismo". Apesar de ser evidente a necessidade de unidade entre os cristãos, de convivência pacífica e enriquecedora, o ecumenismo é uma ideia e um esforço ainda muito recentes dentro da longa história de divisões e inimizades. Vamos tentar seguir seus primeiros passos e ver alguns pontos básicos para compreender do que trata o assunto muitas vezes tão distante da realidade eclesial das comunidades e, ao mesmo tempo, tão decisivo quando se pensa em vida e em testemunho de fé.

A reflexão proposta tem seis passos. No primeiro capítulo, é apresentada a problemática da qual tratamos: o significado de ecumenismo e as suas implicações. No segundo capítulo, é apresentada, de forma panorâmica, a longa e complexa história das divisões institucionais dentro do cristianismo, tentando compreender seu contexto histórico e suas principais motivações. Neste mesmo capítulo, se faz-se também o resgate da história da unidade, ou seja, dos momentos em que os esforços para manter a boa convivência e a unidade entre os cristãos lograram êxito. A história do esforço pela unidade tende a ser pouco lembrada. O esforço pela boa convivência, unidade e bem-querença entre cristãos não pode ser apenas fruto de táticas ou estratégias de sobrevivência, tampouco de ações diplomáticas de diálogo. Ele precisa estar ancorado na convicção de fé e na espiritualidade cristã. Esse é o tema do terceiro capítulo. Quando se fala do esforço pela unidade entre os cristãos, um dos principais pontos de tensão é: de que unidade se fala? No quarto capítulo, a questão das diversas propostas e compreensões da ação ecumênica que se desenvolveram com o tempo é examinada. No quinto capítulo, uma questão muito delicada e complexa para o trabalho ecumênico é analisada: o fenômeno do pentecostalismo. Desse fenômeno surgiram múltiplas igrejas cristãs, com as quais – sobretudo por parte do catolicismo – há uma grande dificuldade de convivência. O sexto e último capítulo é dedicado a apresentar questões cotidianas relativas a dificuldades e a possibilidades de convivência entre cristãos de diversas denominações.

1
Ecumenismo: a palavra, a sua história e as suas implicações

O termo "ecumenismo", que surgiu fora do cristianismo, no mundo grego, e recebeu no Império Romano uma conotação político-jurídica, entrou para o cristianismo com uma acepção peculiar, diferente da atual. Durante quase dois milênios, conservou esse significado. Nos últimos pouco mais de 100 anos, contudo, adquiriu um significado específico, e é desse significado que vamos tratar neste texto: o ecumenismo como a busca da unidade entre os cristãos.

1.1 Ecumenismo: breve histórico de uma palavra

Quando se pergunta pela origem da palavra "ecumenismo", não temos uma resposta muito clara. Nas referências mais antigas a essa palavra (de língua grega) não se encontra um significado único. Várias palavras estão relacionadas à origem do termo *oikoumene,* tais como: *oikos*, que significa "casa", "moradia", "vivenda", "aposento", e "povo"; *oikeiótes*, palavra que indica "relação", "parentesco", "amizade"; *oikeiow*, verbo para "habitar", "morar", "coabitar", bem como "estar familiarizado" e "reconciliar-se"; *oikonomeô*, termo que indica "administração", "encargo", "responsabilidade da casa"; por fim, *oikoumene,* termo originalmente usado para "terra habitada", "mundo civilizado e conhecido", e "universo" (Navarro, 1995, p. 10; Teixeira; Dias, 2008, p. 24). Outros relacionam a palavra *oikoumene* ao verbo *oikodomeo*, "um verbo que designa a ação de construção da *oikia* (espaço onde se desenvolve a vida familiar, comunitária) para ali se ter a casa (*oikos*)" (Teixeira; Dias, 2008, p. 24).

A palavra tem, portanto, em seu significado original, algo que se relaciona tanto com moradia no sentido de "casa" (individual) quanto com moradia no sentido do "mundo civilizado", do "mundo habitável", lugar de moradia, lugar em que a pessoa *se sente em casa*, tanto no sentido geográfico quanto no cultural. Apresenta, em razão disso, conotação tanto individual quanto coletiva. No mundo grego, o conceito tinha claramente uma certa conotação cultural: o mundo conhecido (e, por isso, habitável) era o mundo que pertencia à cultura helênica. Alexandre Magno (séc. IV a.C.) havia expandido consideravelmente a *oikoumene* grega por tê-la levado até a Índia. Nesse sentido, o conceito *cultural* ganha também um certo significado geopolítico. O império de Alexandre Magno contava com uma série de estruturas integradoras, tanto de estradas quanto de cidades administrativas (as Alexandrias), bem como rotas comerciais que tornavam a região uma *oikoumene* (uma unidade geopolítica integrada).

Dentro do Império Romano, o mundo habitável, mundo civilizado era entendido como coextensivo com o próprio império, pois fora do império não havia civilização, mas sim barbárie! No contexto do Império Romano, o termo ganha uma conotação mais jurídico-política do que cultural: pertencia à *oikoumene* quem estava sob o poder romano (Hortal, 1989, p. 15).

Na sua origem na língua grega, pode-se afirmar que o termo *oikoumene* está vinculado a três acepções: a acepção *geográfica*, referente a um determinado território habitável, bem como a um lugar concreto no qual se reside (a casa); a acepção *cultural*, que diz respeito às pessoas que integram a mesma cultura helênica; e a acepção *jurídico-política*, que designa quem se encontra sob o domínio romano, isto é, quem está sob seu poder e sobre quem o Império Romano exerce seus direitos. No uso da palavra *oikoumene*, as três acepções estão frequentemente conjugadas, mas todas elas têm, de certa forma, a ideia de moradia, de espaço habitado, como pano de fundo. E é nesses sentidos diversos que o cristianismo acolheu essa palavra.

No Novo Testamento, o termo é empregado quinze vezes nos sentidos geográfico, cultural e jurídico. Eis alguns exemplos. No sentido de (a) espaço geográfico e cultural: "Um deles, de nome Ágabo, pôs-se a anunciar pelo Espírito uma grande fome por toda a *terra*" (At 11,28); "Por toda a *terra* se espalhou a sua voz, e até os confins do mundo a sua palavra" (Rm 10,18); "Não foi tampouco aos anjos que Deus submeteu o *mundo* vindouro de que falamos" (Hb 2,5); "Este Evangelho do Reino será pregado pelo *mundo* inteiro como testemunho a todas as nações" (Mt 24,14); no sentido de (b) Império Romano: "Naqueles dias saiu um decreto de César Augusto ordenando o recenseamento de toda a *terra*" (Lc 2,1). "Ecumenismo" é usado, pois, no Novo Testamento, tanto na conotação de *mundo civilizado* ou *mundo conhecido*, em conotação geográfico-cultural, quanto significando, em conotação jurídica, o Império Romano.

Nesses sentidos também a usam os padres da Igreja Católica. Assim, num escrito do século II, a saber, *Martírio de Policarpo*, se falou de "Igreja Católica espalhada pela *oikoumene*" (Navarro, 1995, p. 10). Por extensão, o termo começou a ser usado para significar também toda a Igreja, espalhada pelo mundo. Quem usou essa acepção primeiro parece ser Orígenes, que a entendia como uma espécie de novo mundo ou nova humanidade: "De fato, a Igreja representa um mundo novo, uma nova humanidade unificada, já não por um princípio cultural ou jurídico, mas pela fé e pela presença de seu Senhor, o Cristo" (Hortal, 1989, p. 16).

O termo *oikoumene* assumirá um sentido específico no mundo cristão, quando o Concílio de Constantinopla de 381 chama o Sínodo de Niceia, realizado em 325, de concílio *ecumênico*, no sentido de válido para toda a Igreja Católica. E este é o sentido pelo qual a palavra passa a ser utilizada na Igreja: *oikoumene* é utilizado para designar algo relacionado ou válido para a Igreja universal, para o todo da Igreja. Assim, diz Navarro, "a partir desse momento, o termo 'ecumênico' designou as doutrinas e os usos eclesiais que são aceitos como norma de autoridade e dotados de validade universal em *toda a Igreja Católica*" (1995, p. 10). Na tradição eclesiástica católica, os concílios passaram a ter, desde então, esse adjetivo *ecumênico*, no sentido de sua abrangência, que ele se refere ao todo da Igreja.

Há, contudo, uma diferença entre a tradição romana e a tradição ortodoxa de nomear um concílio como "ecumênico". Para a tradição romana, um concílio é ecumênico quando representa toda a Igreja e suas decisões são confirmadas pelo Bispo de Roma. Para a tradição ortodoxa, um concílio é ecumênico quando suas decisões tiverem sido aceitas por toda a Igreja. Nesse modo de compreensão, há para a tradição ortodoxa, apenas oito concílios ecumênicos, pois neles está exposta a doutrina aceita tanto pelo Oriente como pelo Ocidente. Ou seja, os concílios realizados após o cisma entre Oriente e Ocidente, que ocorreu no século XI, não podem mais ser chamados – na compreensão ortodoxa – de *ecumênicos*, pois não mais abrangem a totalidade da Igreja.

Com a decadência e a queda do Império Romano, a palavra deixou de ter sua conotação política ligada ao império e se ligou cada vez mais ao sentido eclesial, de modo que passa a significar *toda a Igreja*. *Ecumênico* é algo que diz respeito a toda a Igreja. Assim, em sentido figurado, Basílio Magno, Gregório Nazianzeno e João Crisóstomo são às vezes chamados de *doutores ecumênicos*, ou seja, doutores cujo pensamento teológico se estende por toda a Igreja. As igrejas em que essas pessoas atuaram foram chamadas, por vezes, de *sedes ecumênicas*.

Em sentido parecido, o termo *ecumênico* passou a ser usado quando esse adjetivo foi acrescido aos credos. Assim, foram chamados de *credos ecumênicos* o Credo dos Apóstolos, o Credo Niceno-Constantinopolitano e o Credo de Santo Atanásio. Essa última fórmula, utilizada oficialmente na liturgia por muitos séculos, caiu em desuso mais tarde. Durante aproximadamente quinze séculos, utilizou-se o termo ecumênico no contexto eclesial para indicar algo que dizia respeito ao todo ou que se reconhecia como válido por toda a eclesialidade.

A história do sentido da palavra *ecumenismo* sofreu uma transformação completa durante o século XIX. Com a fundação da Aliança Evangélica em 1846, em Londres – aliança que tinha como finalidade preparar um "concílio ecumênico evangélico universal" –, utilizou-se a expressão *espírito ecumênico* para designar um espírito de unidade. Adolphe Monod, pastor francês, agradeceu, no encerramento do encontro, aos organizadores britânicos o "fervor e a piedade", bem como o "espírito verdadeiramente ecumênico". Henry Dunant, fundador da Cruz Vermelha e um dos iniciadores da Associação Cristã de Moços – organização também importante para a história do ecumenismo –, desejava que sua associação fosse *ecumênica*, a fim de "propagar aquele espírito ecumênico que transcende a nacionalidade e a língua, as denominações e as questões eclesiásticas, a classe e a profissão" (apud Navarro, 1995, p. 11).

Com isso, o termo *ecumênico* ganha uma nova conotação: a de uma atitude, de um espírito de unidade. Ainda na evolução do significado da palavra, destaca-se a contribuição do arcebispo luterano de Uppsala, na Suécia, Nathan Söderblom, que, durante a Primeira Guerra Mundial, sugeriu a realização de uma reunião internacional das Igrejas com o objetivo de promover a paz. É ele que lança a ideia de um "conselho ecumênico de Igrejas". A reunião não se realiza, mas a partir daí a palavra ecumenismo adquire um significado diferente: "a relação amistosa entre Igrejas com a finalidade de promover a paz internacional, de abordar a união de várias Igrejas ou inclusive de gerar o espírito de aproximação entre cristãos de diversas confissões" (Navarro, 1995, p. 11).

A partir desses acontecimentos de meados do século XIX e inícios do século XX, o novo significado da palavra *ecumenismo* foi o que se impôs. O significado corrente até então – principalmente na tradição católica romana – não deixou de ser utilizado, de modo que tanto o Concilio Vaticano I (1869-1870), como o Concílio Vaticano II (1962-1965) foram denominados ecumênicos, no sentido de serem válidos para a totalidade da Igreja. No entanto, fora do âmbito católico romano, o novo sentido prevaleceu de tal modo que, por exemplo, as conferências evangélicas de Oxford (1937) e de Amsterdã (1948) já subentendiam e utilizavam o termo ecumenismo especificamente para significar o propósito de comunhão e unidade entre os fiéis cristãos das diversas confissões. É nesse sentido que, basicamente, se entende a palavra ecumenismo nos dias de hoje.

Antes, entretanto, de adentrarmos a discussão do significado de ecumenismo e de suas definições, é importante aqui fazer uma distinção entre ecumenismo e diálogo inter-religioso. Esses dois conceitos são confundidos com frequência sobretudo nos meios de comunicação social, nos quais qualquer atividade que envolva pessoas com diversidade religiosa é chamada automática e indistintamente de "ato ecumênico", "celebração ecumênica", "encontro ecumênico" etc. O termo "ecumenismo" tem uma longa história dentro do cristianismo e é dentro dele que deve ser entendido. Hoje, ele designa todas as ações que envolvem cristãos de diferentes confissões em sua busca por uma melhor convivência, unidade ou ações em comum. Mas sempre no âmbito do cristianismo. Ou seja, quando se fala de ecumenismo, faz-se referência a membros de uma mesma religião – no caso a religião dos que creem em Jesus Cristo, o cristianismo – que se distinguem entre si por terem interpretações e organizações diferentes, mas sua base de fé é comum: a fé em Jesus Cristo. Quando, contudo, se reúnem cristãos com budistas, confucionistas ou muçulmanos, essa atividade deve ser classificada como inter-religiosa e não ecumênica, dado que estas tradições religiosas não estão unidas em uma base comum de fé ou de doutrina. Quando se fala, portanto, de ecumenismo, tudo o que diz respeito a ele pressupõe pessoas com uma base de fé comum e diferenças que dizem respeito à interpretação, à forma de organização, a compreensões teológicas; quando se fala de diálogo inter-religioso, fala-se de atividades que envolvem pessoas que não têm um pressuposto comum de fé.

1.2 Por uma definição de ecumenismo

O termo "ecumenismo" se refere às atividades e às iniciativas cujo objetivo é a busca da unidade entre os cristãos. Quando se lê essa afirmação, parece, à primeira vista, que o sentido da palavra é unívoco. Isso é um erro. O grande problema começa na questão da compreensão de unidade entre os cristãos: de que maneira se deve entender a unidade entre as Igrejas? Unidade ou comunhão em relação a quê? A uma única instituição ou a várias instituições que se respeitam mutuamente como boas vizinhas, mas que não têm nada em comum? Unidade de ações entre as pessoas ou unidade institucional? A unidade se refere a um espírito em comum ou a uma unificação hierárquica? Para que se entenda que há unidade, haveria a necessidade de consensos mínimos? De acordos? Ou seja, falar de unidade entre cristãos, embora a expressão pareça clara, na prática ela traz consigo uma série de questionamentos difíceis de responder.

É necessário, portanto, considerar como ponto de partida o fato de que falar de unidade entre os cristãos não é algo tão claro. Se a palavra não tem um significado único, para buscarmos entendê-la, talvez seja útil percebermos, a partir da experiência cristã, algumas ideias significativas relacionadas ao conceito atual de ecumenismo. Podemos, assim, afirmar que associamos ao conceito de "ecumenismo" muitas ideias e experiências:

– *Movimento* (ideias, reuniões, ações) que visa a preparar a reunião e as atividades em comum de cristãos. É fortemente ligada ao ecumenismo a ideia de que se trata de um movimento. Usa-se inclusive muitas vezes a expressão *movimento ecumênico*. A justificativa de tal adjetivação é a experiência de que o ecumenismo se dá como *movimento*: pessoas e ações que se movimentam nessa direção e o próprio movimento é que as unifica. Nesse sentido, o ecumenismo é compreendido mais como "fenômeno" e menos como "estrutura institucional";

– *Reconhecimento mútuo* da legitimidade dos diversos grupos eclesiásticos. Outra ideia fortemente ligada ao ecumenismo é a de que pelo ecumenismo as diversas Igrejas e confissões se reconhecem mutuamente, reconhecem que todas são legitimamente cristãs. Esse reconhecimento – aparentemente óbvio – é, na verdade, um dos grandes passos ou uma grande conquista do ecumenismo.

– Esforço por uma *vivência cristã* plena e pura. Outra ideia ligada ao ecumenismo é a da vivência cristã, ou seja, a intuição de que o centro da busca ecumênica é a vivência cristã. Nessa compreensão, está a ideia de que ecumenismo se acha ligado ao que comumente se chama de espiritualidade.

– Movimento *impulsionado pelo Espírito Santo* que pretende restabelecer unidade entre os cristãos para que o mundo se converta ao Evangelho. A ideia de que o ecumenismo é impulsionado pelo Espírito Santo está presente inclusive no documento *Unitatis*

Redintegratio (o documento do concílio Vaticano II acerca do ecumenismo) e tem por base a compreensão de que o ecumenismo é uma inspiração, um impulso do próprio Deus.

– *Atitude da mente e do coração* diante dos irmãos cristãos de outras confissões eclesiais que se caracteriza por respeito, compreensão, bem-querença e esperança. Assim nasceu a compreensão moderna de ecumenismo: entendendo-o como atitude, ou seja, postura, comportamento, modo de ser e agir. Aqui está a experiência ou ideia de que o ecumenismo deve impregnar um determinado modo de ser de cada cristão em sua relação com os irmãos de outras Igrejas e confissões.

– Movimento de *pensamento e de ação* com o objetivo de reunir de alguma maneira os cristãos. Outra ideia fortíssima presente no ecumenismo é a de que seu objetivo é reunir os cristãos. Ele é um movimento de reunião, de comunhão. Se essa é uma ideia forte, ela é também ao mesmo tempo uma ideia que tem causado um certo embaraço ao movimento ecumênico por não ser claro o que se entende por união e por levantar suspeita, muitas vezes, de que o movimento ecumênico teria por objetivo a busca de uma unidade institucional, ou seja, de unificar todos os cristãos em torno de uma única Igreja institucional.

– O movimento ecumênico não é o *lugar de procurar quem tem razão* na questão das diferenças entre Igrejas e interpretações, mas de enriquecimento mútuo no testemunho do Evangelho. Essa ideia ou experiência surgiu e amadureceu no seio do ecumenismo: a de que não é seu objetivo buscar o certo e o errado sob a óptica de igreja, de tradição, de interpretação ou de organização, mas sim buscar o que a todos une, isto é, a mensagem de Jesus Cristo, a boa-nova, o Evangelho.

– Movimento pelo *testemunho em conjunto do Evangelho*. Eis outra ideia central no que tange o movimento ecumênico: o que os cristãos devem expressar, testemunhar em primeiro lugar é o Evangelho. A expressão *ser testemunha* é chave para o início da autoconsciência cristã. Os cristãos se entendiam inicialmente como *testemunhas do ressuscitado*. Quando inclusive da escolha do sucessor de Judas na comunidade dos Doze Apóstolos, fica clara a consciência da necessidade de testemunhar:

> Convém, pois, que destes homens que têm estado em nossa companhia todo o tempo em que o Senhor Jesus viveu conosco, a começar do batismo de João até o dia em que foi elevado ao alto, um deles seja testemunha conosco de sua ressurreição (At 1,21-22).

Ser testemunha é, por conseguinte, parte integrante da identidade cristã. E, como veremos adiante, foi justamente o *testemunho comum* que caracterizou o início do movimento ecumênico;

– Movimento *surgiu no meio evangélico*, mas se espalhou por todos os que invocam o nome de Jesus Cristo, não apenas para invocá-lo separadamente, mas também em conjunto. A história do movimento ecumênico está ligada fortemente às igrejas evangélicas. Somente décadas mais tarde, no concílio Vaticano II, a causa ecumênica passou a ser assumida também pelo catolicismo. É importante deixar esse fato claro para não incorrermos num certo equívoco que por vezes aparece: o de pensar que ecumenismo se refere à busca de unidade entre católicos e evangélicos. O movimento ecumênico já tinha muitas décadas de existência entre Igrejas evangélicas quando a Igreja Católica se juntou à causa.

– *Conjunto de atividades e empreendimentos* que se destinam a favorecer a unidade dos cristãos. É muito difícil poder dizer que o ecumenismo *é isto* ou *é aquilo*. É mais adequado dizer justamente que se trata de um conjunto de atividades e empreendimentos.

Nesses exemplos de ideias e de experiências que associamos ao ecumenismo, três conceitos são evidentes: Novidade, atitude e desejo de diálogo, espiritualidade.

1º – Novidade: O ecumenismo é uma experiência relativamente nova dentro do cristianismo e que se contrapõe à história milenar de divisões e seus motivos. Por ser novo, não tem ainda uma definição muito clara. É uma inspiração, algo de certa forma original e única dentro do cristianismo. Embora haja na história do cristianismo muitos momentos de esforço pela manutenção da unidade – às vezes com sucesso, outras vezes sem êxito – não se pode falar de ecumenismo para aqueles momentos, no sentido de não ter havido um movimento, um esforço, uma organização que tivesse por objetivo a questão da unidade cristã. Por isso, o movimento ecumênico tem em si algo de utópico, de desejo a ser construído. E, por ser algo tão novo e original diante da história do cristianismo, talvez ainda seja cedo para saber quais os efeitos ou quais as consequências que trará.

2º – Atitude e desejo de diálogo: Ainda que haja várias conotações, o ecumenismo sempre tem o desejo do diálogo como pano de fundo. A atitude que caracterizou historicamente o relacionamento entre as Igrejas é o monólogo: cada uma condenava a outra e se autoafirmava. A história das "falas acerca do outro", sob a óptica de diferentes Igrejas, é amiúde uma história da condenação do outro. A socialização dos cristãos se dá, no mais das vezes, em ambientes de atitudes e linguagens de desconfiança de um para com o outro. A atitude de contraposição está arraigada em nosso modo de pensar e de sentir. Reverter a situação é um processo longo. Não se pode superar, de uma hora para a outra, uma atitude cultivada durante séculos. Por isso, para o movimento ecumênico, é muito importante pensar em mudança de atitude. É necessário cultivar o desejo de uma mudança cultural. Há, pois, um forte componente do desejo, da vontade empenhada.

3º – Espiritualidade: A superação das divisões não é obra do puro voluntarismo humano e – vendo as dificuldades que ela envolve – só é possível pela ação do Espírito de Deus. A superação das divisões e dificuldades de relacionamento entre cristãos não é apenas uma questão jurídico-institucional (acordos de reconhecimento mútuo, de reconhecimento de sacramentos...), mas de uma união na forma de vida. O ecumenismo não deve ser visto como uma questão técnico-eclesial, e sim como uma questão sobretudo espiritual, ou seja, uma questão que precisa ter como base uma atitude espiritual. Ecumenismo como prece: a semana de oração pela unidade dos cristãos mostra isso com clareza. Reza-se para que haja unidade: a unidade é objeto de prece, de súplica ao próprio Deus.

Ainda na tentativa de descrever elementos em torno da compreensão de ecumenismo, é importante enfatizar dois aspectos presentes no movimento ecumênico que muitas vezes estão juntos, por vezes estão separados, mas são claramente distintos. Poder-se-ia talvez falar em duas vertentes do ecumenismo:

O ecumenismo como movimento religioso e social. O ecumenismo não nasceu de cima para baixo, isto é, de decisões de instituições eclesiais, mas sim de pessoas (cristãos individualmente) que empunharam a bandeira do diálogo ecumênico e contagiaram outras pessoas com a ideia. É um movimento de compreensão mútua, de afinidade, de apelo pela paz – sobretudo na Europa antes das duas grandes guerras. A ascensão do papel do indivíduo na sociedade deu a ele a possibilidade de relativizar as diferenças confessionais (institucionais) muito acentuadas pelas estruturas das instituições. Foi com base na convicção pessoal da importância do diálogo, do entendimento, de buscas comuns que o ecumenismo tomou corpo em encontros, em iniciativas, em grupos, em eventos. Esse ecumenismo foi movido em grande parte – como movimento social – por iniciativas pessoais e impulsionado pelo espírito do tempo, que era o espírito do diálogo. Por isso mesmo, hoje ele encontra certa dificuldade em avançar, pois há hoje um outro espírito do tempo que em muito dificulta o movimento ecumênico, que é a ideia da legitimidade da pluralidade, da escolha, da multiplicidade de Igrejas. A presença de numerosas Igrejas e o nascimento contínuo de outras tantas não se interpretam como sinais de briga, de divisão ocasionada por animosidade, e sim como uma rica diversificação. Tal fenômeno reflete a pluralidade de interpretações e a liberdade de expressão religiosa que caracterizam a sociedade contemporânea. A multiplicidade de congregações manifesta não a divisão, mas a variedade vigorosa de fé e devoção, permitindo a cada indivíduo encontrar uma comunidade que ressoe com suas convicções e aspirações espirituais. O contexto cultural em que nasceu o momento ecumênico era muito marcado pela busca do diálogo em muitos aspectos, não só o eclesial. Há de se considerar hoje o movimento ecumênico dentro de um outro momento social e isso implica ideias diferentes das de seu início.

O ecumenismo como tarefa institucional. O ecumenismo se organizou e deixou de ser tarefa de iniciativas e influências pessoais para se tornar tarefa de instituições, seja em forma de departamentos dentro das confissões existentes, seja por meio de instituições para esse fim. Não eram mais só as pessoas (na base) que sentiam e faziam o ecumenismo, mas instâncias apropriadas que conduziam o diálogo de forma representativa, tais como teólogos, especialistas etc. Com isso, houve uma afirmação e um reforço da identidade de quem participava no diálogo, pois o representante de determinada instituição precisou defender a identidade de seus representados. Com o surgimento de muitas novas comunidades ou Igrejas, ficou cada vez mais acirrado o aspecto de manutenção da identidade (volta à segurança). Esse desenvolvimento do ecumenismo o tornou mais eclesial, isto é, fez com que ele se restringisse à esfera eclesial, contrariamente ao movimento social, que implicava questões sociais. Esse ecumenismo se centrou "em diálogos teológicos e doutrinais, dirigidos sempre a partir do topo das hierarquias eclesiásticas" (Navarro, 1995, p. 17). Nesse sentido, poder-se-ia falar quase que de um *ecumenismo diplomático*. Ou seja, a instância institucional ecumênica passou a ser a instância de diálogo e de relacionamento com as outras instituições eclesiais.

1.3 Diversidade de ecumenismos

A análise do desenvolvimento histórico do ecumenismo mostra que ele não é unívoco e tem em si vieses distintos. Por isso, falar de diversos tipos de ecumenismo talvez ajude a entender a sua amplidão. Navarro (1995, p. 17-23) distingue quatro tipos de ecumenismo:

a) Ecumenismo institucional

As pessoas que iniciaram o ecumenismo como movimento social não se desligaram das instituições às quais pertenciam e aos poucos as ideias ecumênicas foram levadas para dentro da instituição eclesial, na qual estas pessoas viviam sua fé em comunidade. Por isso, não há como desligar o ecumenismo de seu aspecto institucional. A instituição acolheu também a proposta ecumênica e a assumiu como tarefa própria. E isso é, sem dúvida, importante. O ecumenismo precisa contar com um suporte institucional, com um certo grau de organização estrutural. E historicamente foi isso o que aconteceu. Em dado momento do movimento ecumênico, a instituição o assumiu e o institucionalizou. A tarefa ecumênica passou a ser assumida e organizada a partir da instituição. Essa mudança não foi, no entanto, sem consequências para o movimento ecumênico. O ecumenismo que se desenvolveu para a instância (e tarefa) institucional fez surgir dois aspectos, sobretudo no meio católico: o primeiro aspecto é o surgimento de um *ecumenismo oficial*: a posição e a política da instituição como um todo no que diz respeito ao diálogo. A instituição, quando assumiu como sua a tarefa ecumênica, passou também a disciplinar e a legitimar os seus interlocutores, de modo que criou, inclusive, um departamento para isso: secretariados para o ecumenismo. Estes interlocutores funcionam como uma espécie de ministro das relações exteriores da instituição e a representam frente às outras instituições eclesiais. Nesse nível, deixou de contar a posição pessoal do interlocutor, passou a contar a posição da instituição da qual ele tornou-se representante – e defensor, de certa forma. Outro aspecto que adveio com a institucionalização foi o *ecumenismo doutrinal*: o objeto desse diálogo foram as diferenças doutrinais existentes, isto é, as diferenças de interpretação, entre as diversas confissões eclesiais. Do ponto de vista da hierarquia eclesial, as diferenças doutrinais foram o principal empecilho ao ecumenismo.

O desenvolvimento histórico do movimento ecumênico que levou as instituições a assumir a causa como tarefa própria significou um grande avanço, em diversos aspectos: o ecumenismo deixou de ser visto como algo marginal à instituição Igreja e passou a contar com uma estrutura de apoio, passou a ganhar uma agenda de trabalho: temas por discutir, instâncias envolvidas.... Por outro lado, não há de se deixar de notar que esse avanço trouxe igualmente alguns aspectos que significaram um enrijecimento do diálogo ecumênico, como, por exemplo: as discussões do ecumenismo em instâncias oficiais passaram a ter um forte caráter de defesa da identidade da instituição, de modo que cada instituição envolvida no processo se preocupou em marcar a sua posição no diálogo, as pessoas envolvidas não estavam ali a falar em nome próprio, mas da instituição que representam e, com isso, o caráter institucional passou a ter um peso maior do que o pessoal (de fiel).

b) Ecumenismo espiritual

Sem desprezar a importância do ecumenismo institucional, há uma forma que não se preocupa muito com a instituição, mas sim com o ecumenismo espiritual: de espiritualidade cristã compartilhada por todos. A oração compartilhada ultrapassa a diferença institucional ou doutrinária e pode ser o meio pelo qual se vivencia a unidade. O próprio Concílio Vaticano II afirma que

> a conversão de coração e santidade de vida, juntamente com as orações particulares e públicas pela unidade dos cristãos, devem ser consideradas a alma de todo o movimento ecumênico, e com razão pode ser denominado ecumenismo espiritual (UR 8).

Esse ecumenismo espiritual tem uma tradição mais longa do que o ecumenismo institucional. Foi justamente a partir do ecumenismo como movimento espiritual que se desenvolveu o ecumenismo institucional. "O movimento ecumênico é um processo espiritual no sentido de que a espiritualidade é um elemento essencial, mais do que um horizonte ou dimensão, da unidade" (Wolff, 2002, p. 227). Mesmo em âmbito institucional se pretende que a espiritualidade guie o ecumenismo, como afirma a CNBB:

> Estamos convencidos de que o ecumenismo, antes de servir de estratégias, tem de ser um tipo de espiritualidade. Não se trata de fazer coisas, trata-se de criar sentimentos, modos de ver a vida, atitudes de base [...] Por causa desta espiritualidade, ser ecumênico vai além dos objetivos que temos (apud Wolff, 2002, p. 227).

O que chamamos aqui de ecumenismo espiritual envolve a expressão usada pela CNBB de *criar sentimentos*. Ou seja, ecumenismo como algo que brota do sentimento religioso dos cristãos uns para com os outros. "Sentir-se ecumênico" é a base do ecumenismo espiritual. Quando esse sentimento surge, ele é de natureza pessoal, relacionado à fé de cada um, e não à instituição. Não se trata de contrapor o sentimento pessoal ao institucional, mas sim de reconhecer que tratamos de âmbitos claramente distintos ao diferenciar o ecumenismo institucional do espiritual.

c) Ecumenismo local

Um outro tipo de ecumenismo é o que se poderia chamar de *ecumenismo local* – também caracterizado às vezes como ecumenismo de base, pois é o ecumenismo que acontece nas bases, isto é, nas paróquias, nos movimentos, nos grupos, nas pequenas iniciativas intereclesiais. Há nesse tipo de ecumenismo tanto aspectos do ecumenismo institucional, pois são pessoas de instituições que agem muitas vezes de forma representativa como do ecumenismo espiritual, pois é a espiritualidade o motor dessa forma de ecumenismo. Esse tipo de ecumenismo se caracteriza pelo fato de deixar claro que ecumenismo não é competência e tarefa de especialistas, mas de todos os cristãos que o vivem. O próprio Concílio Vaticano II afirmou que "o empenho no sentido de restabelecer a união cabe a toda a Igreja, tanto aos fiéis como aos pastores" (UR 5). E o Conselho Mundial de Igrejas afirmou em sua assembleia de Canberra: "O ecumenismo é uma realidade vivida na base em que o povo vive e luta junto" (apud Vercruysse, 1998, p. 93). Nesse nível da base, o ecumenismo pode ter tanto um caráter de oficialidade (grupo representante de uma determinada comunidade), como da informalidade (grupos ecumênicos de estudo bíblico, grupos mistos de preparação de eventos…). O ecumenismo de base tem um caráter de audácia, de *imprudência* e de espontaneidade que tanto bem faz ao ecumenismo. Ou seja, nesse âmbito há mais liberdade de ação e de atitude, o que quebra muitas barreiras no relacionamento intereclesial.

d) Ecumenismo secular

O ecumenismo conheceu duas fases, das quais já tratamos: a fase de movimento espontâneo e a fase institucional. Essa chegou muitas vezes a um beco sem saída, pelo fato de as instituições tomarem o lugar ecumênico como o lugar de defesa da identidade e das *relações exteriores* com as outras confissões. Após a crise do tipo institucional de ecumenismo, surge um terceiro tipo de ecumenismo, denominado de *ecumenismo secular*. A característica distintiva desse ecumenismo não é a tentativa de unidade institucional, mas o esforço de unidade da humanidade. É o ecumenismo que acontece na promoção humana, na luta pela justiça, pela libertação, pela paz etc. A motivação para o trabalho pode vir (e vem) da fé, mas o objetivo ultrapassa a instância religioso-eclesial. Ele é feito em favor de uma causa que ultrapassa o âmbito da fé, podendo ser uma causa humanitária, uma causa ecológica etc., e, por isso, o chamamos aqui de ecumenismo secular: sua atuação acontece no âmbito do mundo (do século) e não no âmbito eclesial. A partir da fé ou a partir da instituição eclesial, cristãos de diversos grupos engajam-se em causas do mundo. Por envolver cristãos de diversos segmentos, pode-se classificar estas ações como ecumênicas.

1.4 Busca de novos paradigmas para o ecumenismo

Perceber a urgência de unidade com base no Evangelho é, contudo, apenas um primeiro passo *ecumênico*. Na verdade, depois de perceber a urgência de unidade, é que começa realmente a questão mais difícil: O que se entende quando se fala de unidade? Que tipo de unidade se pretende conseguir? Como bem diz J. Bosch Navarro: "Na unidade se encontra o núcleo do problema ecumênico" (Navarro, 1995, p. 23).

Sem dúvida, a melhor maneira de começar a falar de unidade é mostrar a todos de modo enfático que há ao menos um ponto com o qual todos concordam: Jesus Cristo. A unidade de início se estabelece, assim, em torno do fato de que todos somos discípulos de Jesus Cristo. Depois de mostrado esse pressuposto, é necessário reconhecer que todos os cristãos compartilham de uma base comum, em vez de se concentrar nas diferenças. A unidade, por conseguinte, está na base, e não na diversidade. Essa base comum faz com que todas as Igrejas cristãs estejam envolvidas no ecumenismo, ainda que umas tenham mais consciência disso do que outras; ademais, embora esse envolvimento se dê de várias maneiras, com várias compreensões distintas, as Igrejas permanecem, ainda assim, envolvidas ecumenicamente.

Se esse primeiro ponto é um grande facilitador do ecumenismo, um segundo elemento importante a ser considerado vem refrear o primeiro: Todas as Igrejas têm uma identidade própria, uma vez que se identificam com uma tradição, com um rito, com uma forma de organização e – como se sabe – há uma tendência natural à conservação da própria identidade. Esse espírito *preservador da identidade*, que é sem dúvida algo importante, torna-se um ponto de dificuldade no ecumenismo. Há, pois, dentro do ecumenismo uma tensão entre duas fidelidades: a fidelidade a Jesus Cristo ("que todos sejam um"), que é uma força que impulsiona os cristãos e as suas instituições para a unidade, e a fidelidade à própria identidade confessional, que é o lugar em que Jesus Cristo é apresentado, força que, na prática, distancia os cristãos uns dos outros.

Mas o cristianismo não é vivido em um mundo à parte, somente entre cristãos, de modo isolado da sociedade. Os cristãos, as suas instituições e as suas tradições estão dentro de algo maior, de sociedades mais amplas e são influenciados por dinâmicas culturais que, em um primeiro momento, são alheias às relações intracristãs, mas que, por outro lado, as influenciam fortemente. Ao observar o movimento ecumênico como um fenômeno cultural, percebe-se não somente que ele emerge, mas também que se estabelece no âmbito do mundo cristão; e esse mundo, por sua vez, está inserido no que denominamos, de maneira um tanto quanto imprecisa, de "mundo ocidental". Neste contexto cultural, não é sem importância o momento histórico em que nasce e cresce a ideia ecumênica: o chamado projeto da modernidade.

A modernidade é marcada – entre outros elementos – por um grande esforço de unificação do mundo: criação de padrões comuns, esforço por linguagens unificadas, proposições de critérios para definir compreensões comuns de uma série de elementos (a chamada cientificidade), a racionalidade como elemento comum de busca e aferição da verdade etc. Outro elemento à esteira do fenômeno da modernidade é a globalização ou mundialização: os povos e países passaram a se relacionar entre si de forma diferente, a transculturação proporcionou a expansão de costumes e formas de comportamento de tal modo que padrões de países mais ricos e poderosos foram adotados em todo o planeta acompanhando a expansão (ou dominação) econômica. Esse cenário – que poderia ser descrito em muitos detalhes tanto positivos quanto em outros nem tanto – está ainda em andamento quando começa a ocorrer um outro fenômeno cultural com a chamada pós-modernidade ou modernidade tardia.

Essa nova dinâmica cultural que está em curso e ainda não atinge a maior parte das sociedades, nem as atinge de forma unânime, traz em seu bojo dinâmicas – em muitos aspectos – diversas e contrárias às do projeto da modernidade. Se a modernidade propõe unificações, expansão de padrões e comportamentos iguais por toda a área atingida pela globalização, a pós-modernidade valoriza as identidades individualizadas, a multiplicidade, a pluralidade de formas, de valores, de comportamentos. Usando como pano de fundo a compreensão moderna, afirma-se que a pós-modernidade representará a fragmentação; a compreensão de que não há padrões que delimitam fronteiras, dado que estas são porosas; o mundo (de esfera tanto pessoal, como social) não é mais percebido em sua solidez, dado que o mundo é líquido, bem como suas estruturas e suas compreensões.

Estas dinâmicas culturais geram mudanças que atingem também a questão do ecumenismo. O movimento ecumênico –

formado e desenvolvido no mundo ocidental – é marcado por formas de pensar ligadas ao projeto unificador da modernidade. Basta observar que em praticamente todos os textos oficiais que tratam do ecumenismo a grande questão que o impulsiona é a busca da unidade entre os cristãos. Esse objetivo está influenciado fortemente pelo projeto moderno da busca pela unificação. Com a mudança paulatina que as sociedades conhecem na direção da chamada pós-modernidade, o movimento ecumênico também é atingido. O grande impulso inicial dele, movido pela busca e o desejo de unidade entre os cristãos não exerce mais um papel central dentro de um novo contexto cultural. Esse novo fenômeno cultural ainda não atinge as sociedades como um todo e nem sabemos se um dia atingirá, mas é preciso admitir que hoje temos uma sociedade que convive com o novo paradigma e ele se mostra crescente. Caso se pense as influências dele na temática do ecumenismo, é necessário refletir acerca de novos paradigmas que se tornam importantes para ele. A título de reflexão-proposição, apresentamos aqui quatro movimentos que marcam um deslocamento de paradigma para o ecumenismo, conforme as mudanças trazidas pela pós-modernidade:

a) Da preocupação ecumênica com a unidade institucional à acolhida da pluralidade eclesial

Há um deslocamento vivido em praticamente todos os níveis da sociedade que é a realidade da pluralidade. Vivemos numa sociedade plural: tudo ou quase tudo é plural. A diversidade ou a multiplicidade de possibilidades é a regra nos setores mais diversos, seja naqueles do comércio, do modo de vida, dos caminhos de formação ou de opções de relacionamento. O pluralismo deixou de ser um fenômeno, para ser em boa parte um *modus vivendi* da sociedade em muitos países. E isso atinge também a realidade cristã das Igrejas. Não vamos aqui discorrer acerca do pluralismo e de suas consequências para a eclesialidade. Mas é fato que vivemos em um pluralismo eclesial como situação já instalada, ou seja, que tenhamos uma multiplicidade de Igrejas em nossa sociedade é um fato já consolidado. Independentemente de nossa posição diante do pluralismo, ele precisa ser percebido e acolhido como tal. E a reflexão deve ser feita não contra o pluralismo, nem apesar do pluralismo, mas a partir do pluralismo como realidade que se nos apresenta.

No que diz respeito à questão ecumênica, é preciso partir, por conseguinte, da realidade da pluralidade eclesial. Hoje, é fato que existem muitas Igrejas, como também existem entre elas formas de pensar e de se organizar muito diversas, com histórias e estruturas particulares. E a realidade da multiplicidade de Igrejas, dentro de um sentimento de sociedade plural, não é vista nem sentida como um problema. Pelo contrário, estranho seria se houvesse uma Igreja única. A ideia de um ecumenismo institucional precisa ceder lugar a uma compreensão ecumênica que tenha como ponto de partida a realidade da pluralidade eclesial, a qual precisa ser acolhida não necessariamente como empecilho ao ecumenismo, tampouco como o grande empecilho, mas como uma riqueza no contexto ecumênico. Reconhecer e acolher positivamente a pluralidade eclesial não significa simplesmente que todos devem concordar com todos, nem imaginar que deixarão existir problemas para o diálogo. Mas é um imperativo categórico que se impõe e o próprio Papa Francisco o enfatiza.

Em uma entrevista que concedeu à revista *Civiltà Cattolica* (19 de setembro de 2013), o Papa Francisco fala da pluralidade como um dom, que é preciso conhecer e reconhecer: "Nas relações ecumênicas, isto é importante: não só conhecer-se melhor, mas também reconhecer o que o Espírito semeou nos outros como um dom também para nós" (Francisco, 2013a). À esteira dessa reflexão do Papa Francisco, poder-se-á pensar a questão da pluralidade eclesial não como o problema a ser enfrentado pelo ecumenismo, mas o ponto de partida das relações ecumênicas: de fato existem muitas Igrejas cristãs e o outro pode ser um dom semeado pelo Espírito.

Ter o fato de que a pluralidade de Igrejas cristãs é uma realidade posta como ponto de partida traz um primeiro desafio, a saber, o de acolher a situação como parte da realidade da presença cristã no mundo, e não como uma realidade problemática ou como uma situação anômala que precisaria, em razão disso, ser superada. O acolhimento dessa situação de pluralidade de Igrejas cristãs não estaria resolvido apenas com um gesto de boa vontade, de respeitosa tolerância das Igrejas entre si. Essa atitude exigiria uma mudança em como se pensa a eclesiologia, que deixaria de ser pensada no singular, e passaria a sê-lo no plural: eclesiologias. Isso tanto sob a óptica da ideia de diversidade de teologias sobre a Igreja (como objeto de reflexão teológica), como em acolher a pluralidade de tradições, de organizações, de hierarquias, de estruturas eclesiais e sacramentais, por exemplo. Em outras palavras, exigiria um esforço por parte de cada Igreja por reconhecer que a argumentação teológica que sustenta sua forma de se organizar é apenas uma possibilidade ao lado de outras. Isso pode ser interpretado como relativismo eclesial, mas pode também ser visto como a importância de se pensar a eclesiologia como espelho da teologia da encarnação: Deus se encarnou numa pessoa concreta e particular, numa forma concreta e particular, num tempo determinado, num espaço específico. Cada Igreja é um espelho de uma particularidade. Nenhuma pode se arvorar no direito de resumir ou concentrar em si toda a eclesialidade.

Um segundo desafio para se acolher a multiplicidade de Igrejas como um dado positivo para o ecumenismo seria decorrente do primeiro: o reconhecimento da particularidade de cada Igreja como uma forma de encarnação (concretização) da presença cristã tem como pressuposto que se reconheça a legitimidade cristã de cada Igreja. Cada qual é uma forma concreta e particular de seguimento de Jesus Cristo e por isso, legitimamente, se reconhece como cristã.

Poderíamos dar outros exemplos de desafios que o acolhimento da realidade plural eclesial traria, mas os exemplos dados são já suficientes para ilustrar o que significa a mudança do paradigma ecumênico da unidade institucional para o paradigma da aceitação e da acolhida da pluralidade eclesial como realidade e como ponto de partida para o ecumenismo.

b) Do esforço pela unidade à busca pela convivência

Se a acolhida da pluralidade eclesial for a realidade que serve como ponto de partida para o ecumenismo, há um segundo eixo de deslocamento de paradigma para a questão ecumênica que é priorizar a capacidade de convivência da diversidade cristã. O grande desafio que a realidade da pluralidade coloca ao ser humano em todos os níveis (familiar, de trabalho, de vizinhança, de cidades, de países, de pensamento político, de opções religiosas ou sexuais) é a capacidade de convivência: conseguir organizar a vida em diversidade de tal forma que as diferenças não sejam anuladas, mas que tenham espaço de realização. É um passo e atitude maior do que respeitar as diferenças – o que já seria bom. Trata-se de perceber a diversidade como riqueza e como ambiente enriquecedor para a convivência. É necessário pensar aqui especialmente na importância de se garantir espaço de vida (e vida digna) aos desapoderados dentro dessa grande pluralidade na qual se transforma cada vez mais a humanidade. A manutenção de uma sociedade plural exige a capacidade de respeito, de acolhimento e de valorização tanto de direitos como de deveres. A regra de ouro "não faças aos outros o que não queres para ti mesmo" é mais do que nunca necessária.

Isso significa, em termos eclesiais e ecumênicos, reconhecer o legítimo espaço eclesial não só da diversidade eclesial, mas também da diversidade dos fiéis em sua ligação com o seguimento de Jesus Cristo. Essa legitimidade não apenas não foi reconhecida, como foi motivo de muitas ações infelizes e antievangélicas na história da convivência (ou falta dela) entre os cristãos e entre as Igrejas. É necessário reconhecer isso e sinceramente se pedir e dar-se mutuamente o perdão. Foi o que disse claramente o Papa Francisco no encontro com a Federação Luterana Mundial: "Católicos e luteranos podem pedir perdão pelo mal provocado uns aos outros e pelas culpas cometidas perante Deus" (Francisco, 2013b). Essa atitude, diz o Papa Francisco, é capaz de fazer o ecumenismo caminhar e um ecumenismo como compromisso espiritual, como prosseguiu na fala com os luteranos:

> Vejo com sentido de profundo agradecimento ao Senhor Jesus Cristo os numerosos passos que as relações entre luteranos e católicos deram nas últimas décadas, e não apenas através do diálogo teológico, além da colaboração fraterna em múltiplos âmbitos pastorais e, sobretudo, no compromisso para continuar no ecumenismo espiritual (Francisco, 2013b).

A convivência espiritual é o espaço no qual o ecumenismo encontra alimento para seu sustento e crescimento, pois tem um alimento comum aos cristãos, que não pode ser olvidado: o seguimento de Jesus.

No contexto do deslocamento do ecumenismo de uma centralidade na busca pela unidade para a centralidade na busca pela convivência fraterna, há alguns pontos a destacar: o primeiro ponto é justamente o coração da convivência: a arte de acolher o diferente e de valorizar a diversidade. Isso exigiria no ecumenismo uma reviravolta completa na compreensão do que significa a diversidade de cristã (tanto eclesial como pessoal): a diversidade eclesial teria de ser vista como uma grande riqueza na tradição cristã. Pessoas de diversos pensamentos, de diversas culturas, de diversas interpretações foram atingidas pela mensagem de Jesus e a acolheram de forma diferente, se organizaram de forma diferente, a encarnaram concretamente de forma diferente. Isso mostra a riqueza de possibilidades dessa mensagem: não há uma única forma, não há uma única interpretação, não há um modelo institucional que possa ter a amplidão toda da mensagem cristã. A mensagem cristã ultrapassa e sempre ultrapassará as concreções históricas.

Disso decorre um segundo elemento importante para a convivência ecumênica cristã: o reconhecimento de que não há um padrão, uma forma, uma interpretação única de concretização na história do seguimento de Jesus Cristo. Se isso for reconhecido, exige-se em contrapartida que se reconheça a legitimidade cristã alheia. Cada forma concreta seja eclesial, seja pessoal, pode intitular-se legitimamente de cristã. E, como tal, deve ser reconhecida. Esse reconhecimento de que todos seguem e anunciam legitimamente Jesus Cristo parte do pressuposto de que não há hegemonia sobre Jesus Cristo, nem por parte de alguma interpretação, nem por parte de alguma instituição. Cada tradição cristã – e cada fiel – representa, a seu modo, uma parte da grande riqueza do seguimento, que a todos ultrapassa e por nenhum pode ser totalmente contida. Ou seja, a universalidade de Jesus Cristo não pode ser esgotada por nenhuma expressão particular cristã, mas, ao mesmo tempo, toda expressão particular cristã pode participar legitimamente da universalidade de Jesus Cristo. A ligação com Jesus Cristo é o que legitima a genuinidade cristã: "Eu sou a videira, vós os ramos" (Jo 15,5).

Quem lê isso, pode se perguntar: então tudo é tolerável em nome do seguimento de Jesus Cristo? Em nome do paradigma da convivência cristã, não há limites? Vale tudo? São questionamentos difíceis de serem respondidos. Dois aspectos podem aqui ser destacados: um é o fato de que não há nenhuma instância ou instituição e muito menos pessoa, que possa se arvorar ao direito de ter o monopólio sobre Jesus Cristo. Ele não é pertença particular de ninguém: nem de instituição, nem de pessoa. Imaginar essa pertença seria imaginar uma instituição ou pessoa maior do que o próprio Jesus Cristo, na qual ele estaria, então, contido. Por outro lado, na tradição cristã, a instância de discernimento sobre a legitimidade do seguimento sempre foi a eclesialidade. Historicamente, o cristianismo é uma religião eclesial, e não particular, individualizada. E foi no âmbito das Igrejas que sempre se discutiu o que pode ser considerado legítimo e o que não seria legítimo no seguimento de Jesus Cristo, seja na interpretação de sua mensagem, na forma de vida cristã legítima, seja na forma de organizar o seguimento (a instituição). Assim, se num primeiro momento, a afirmação de que não há instância ou pessoa que tenha a prerrogativa de dizer definitivamente o que é e o que não é cristão pode soar como uma tolerância a qualquer coisa em nome de Jesus Cristo, por outro lado, as diversas tradições cristãs têm longa experiência na discussão dessa legitimidade. Mesmo que se possa dizer que essa experiência nem sempre foi dotada necessariamente de benevolência, há de se reconhecer como de grande importância o papel da eclesialidade cristã no discernimento do seguimento. Historicamente, coube a ela garantir – em maior ou menor âmbito – a legitimidade do seguimento. Há de se reconhecer, no âmbito do ecumenismo, a riqueza das diversas trajetórias eclesiais na discussão e na compreensão do que pode legitimamente ser considerado cristão, bem como de atitudes ou de pensamentos que não são afeitos a esse seguimento.

c) Da questão confessional à questão do discipulado

Da discussão do tópico anterior, resulta logicamente o seguinte: O discipulado é a base da identidade cristã e não a pertença a uma determinada confessionalidade. Ainda que historicamente o cristianismo sempre tenha se constituído de modo eclesial, o discipulado é um elemento importante na consciência ecumênica: não se é cristão em primeiro lugar por se pertencer a alguma comunidade eclesial; o que faz alguém ser cristão é a permanência no discipulado de Jesus: eu sou a videira, vós sois os ramos! A pertença a alguma confessionalidade é o lugar concreto em que se vive o ser cristão, mas é do seguimento de Jesus Cristo que advém a sua identidade. A própria identidade cristã de cada Igreja advém daí: é no seguimento de Jesus Cristo que a identidade cristã de cada Igreja se baseia, se legitima e se mantém.

O ecumenismo espiritual, do qual fala o Concílio Vaticano II na *Unitatis Redintegratio* e ao qual se referiu o Papa Francisco, é aquele que segue o Espírito de Nosso Senhor Jesus Cristo. O ecumenismo espiritual

> constitui, em certo sentido, a alma do nosso caminho para a plena comunhão e nos permite saborear desde agora alguns frutos, embora imperfeitos; à medida que nos aproximamos com humildade de espírito de Nosso Senhor Jesus Cristo, estamos certos de que Ele nos tomará pela mão e será o nosso guia (Francisco, 2013c).

O motor do esforço da relação entre os cristãos é algo que está acima de cada cristão, acima de cada Igreja ou confissão.

> E esta é uma bela pergunta: quem é o motor desta unidade da Igreja? É o Espírito Santo que todos nós recebemos no Batismo e também no Sacramento da Crisma. É o Espírito Santo. A nossa unidade não é primeiramente fruto do nosso consenso, ou da democracia dentro da Igreja, ou do nosso esforço de concordar, mas vem dele que faz a unidade na diversidade, porque o Espírito San-

to é harmonia, sempre faz a harmonia na Igreja. É uma unidade harmônica em tanta diversidade de culturas, de línguas e de pensamentos. É o Espírito Santo o motor. Por isso é importante a oração, que é a alma do nosso compromisso de homens e mulheres de comunhão, de unidade. A oração ao Espírito Santo, para que venha e faça a unidade na Igreja (Francisco, 2013d).

O ecumenismo ganha outro aspecto ao deixar de ser visto como uma consequência de negociação ou do entendimento entre as Igrejas e passar a ser visto como exigência do próprio discipulado, do "Todos saberão que sois meus discípulos, se vos amardes uns aos outros" (Jo 13,35). E isso não pode ser vivido de vez em quando, num ou noutro encontro ecumênico programado por Comunidades Eclesiais. Esse espírito precisa ser a base do ecumenismo: a força que vem do discipulado, o qual alimenta tanto as eclesialidades particulares quanto as cada fiel cristão.

d) Do ecumenismo como organização ao ecumenismo como vivência cotidiana

Um quarto pensamento como mudança de paradigma aqui apresentado para a questão ecumênica é a proposta de um deslocamento do lugar ecumênico: o ecumenismo não pode ser pensado apenas como consequência de uma organização ou fenômeno que aparece em alguns momentos eclesiais. O ecumenismo precisa deixar de ser um acontecimento organizacional para tornar-se um modo de viver cotidianamente a fé. Com isso, não se quer negar a importância dos encontros e das organizações ecumênicos. Mas se o ecumenismo permanecer dependente de encontros e de organizações, ele continua a ser sempre uma exceção no modo de viver cristão, e não algo incorporado ao modo cristão de ser.

Trata-se aqui não tanto de uma mudança de compreensão teológica ou eclesiológica, mas do esforço por mudar o sentimento de boa parte dos cristãos em relação aos cristãos de outros grupos eclesiais. É uma realidade que a socialização religiosa que ocorre – pelo menos na realidade brasileira – é negativa frente ao cristão (ou à Igreja) de outra tradição. Na tradição católica, pelo menos em boa parte, se cresce a ouvir uma linguagem hostil para com a outridade cristã: constitui um problema se um membro da família muda de Igreja ou se se casa com pessoa de outra denominação cristã; adota-se uma linguagem negativa diante de cristãos de outras Igrejas; o diálogo com uma liderança de outra Igreja (um pastor, por exemplo) gera certo desconforto, quando não desconfiança, e assim por diante.

Estes e muitos outros elementos da socialização religiosa fazem com que se cresça com uma atitude defensiva diante de tudo o que diz respeito a cristãos ou Igrejas outras. Como se trata de um sentimento que se forma com o próprio crescimento, ele se naturaliza, ou seja, é percebido como se fosse natural ou comum ter esses pensamentos e essas crenças. Isso é como um grande rio – para se usar uma metáfora – que desagua sentimentos e comportamentos que são passados de geração em geração. A naturalização do sentimento negativo frente ao cristão outro, faz com que o engajamento ecumênico seja visto por muitos como "algo fora do normal".

Ao dizermos aqui da necessidade de mudança de um ecumenismo como organização para um ecumenismo do cotidiano, estamos mirando a realidade acima descrita. E para continuar na metáfora do rio, como alimentar um rio que corra em outra direção: que veja como natural uma relação boa e cooperativa e positiva entre cristãos de Igrejas diversas? Essa é sem dúvida uma tarefa ou um sonho ecumênico, o de fazer com que aos poucos um outro sentimento possa se tornar realidade na socialização religiosa: ver e sentir o outro de forma positiva. Se isso ocorrer, haveria um sentimento ecumênico como consequência e o ecumenismo são seria mais restrito a atos (inclusive de exceção), mas seria naturalizado.

2
Divisões e unidade na história cristã

Este capítulo visa a fornecer uma visão panorâmica de duas histórias dentro do cristianismo institucional: por um lado uma história de tensões e desentendimentos que levou a rupturas entre Igrejas, criando como consequência novas instituições eclesiais; por outro lado, uma história de tensões e desentendimentos que não levou a rupturas. Se a história das rupturas é mais notória e conhecida, a história do esforço exitoso por manter a unidade é menos notória e menos conhecida. Mas essa faz parte da mesma tradição cristã e não pode ser deixada de lado, sobretudo porque serve de exemplo de ações em meio às tensões.

2.1 Breve histórico das divisões institucionais dentro do cristianismo

Neste tópico, veremos um panorama de como surgiram as muitas confissões cristãs, que com o tempo abrigam identidades e tradições eclesiais distintas. A existência de diversidade de confissões cristãs não é *de per si* uma realidade negativa, pelo contrário, é um fenômeno a ser visto como rico e positivo. Mas essa realidade é, sem dúvida, problemática no diálogo ecumênico.

Na origem das diversas Igrejas, sempre se encontram motivos variados, os quais, em geral, se podem caracterizar como combinação dos fatores seguintes: divergências por causas teológicas, isto é, de interpretação da doutrina; divergências políticas, tanto do ponto de vista dos estados quanto da política eclesial; divergências organizacionais, na forma como se compreendem os diversos papéis, seja de liderança, seja de estrutura da própria organização; divergências culturais, tanto as grandes diferenças, como entre Oriente e Ocidente, quanto as divergências culturais de âmbito menor, que se podem considerar como de costumes ou de moral; e divergências pessoais, especialmente nas inúmeras divisões dentro do pentecostalismo, que levam à fundação de um sem-número de novas Igrejas. Raramente um só desses fatores causou uma divisão institucional. Em geral, trata-se da combinação de mais de um deles. Ao longo da história de uma nova tradição eclesial, tende-se a acentuar, como mais importante e decisiva, a diferença teológica, ou de interpretação de doutrina, por se entender que a doutrina é o mais importante na composição da identidade de cada tradição eclesial, mesmo que, no momento da tensão e do surgimento de uma nova instituição, esse motivo não tenha sido tão decisivo.

Ao lançarmos os olhos nas divisões no seio do cristianismo, não podemos deixar de observar que o próprio cristianismo se originou de uma divisão ou, ao menos, de uma ruptura, de um cisma no judaísmo. Um grupo de judeus reconheceu em Jesus Cristo o Messias, e o seguimento do Messias e de seus ensinamentos conduziu ao processo de expulsão das sinagogas e ao surgimento de uma religião própria, distinta da judaica. Esse processo de rompimento com o judaísmo e de criação de grupos distintos é complexo, mas constitui um fato decisivo no surgimento do cristianismo.

Outro elemento importante a se recordar aqui é que o cristianismo não nasce, do ponto de vista institucional, de forma unitária. Imaginar o início do cristianismo como um momento em que ele, em sua organização, se apresentava institucionalmente unitário e pensar que a existência de diversas tradições eclesiais constituiu um processo posterior, como se manchasse a realidade fundadora, revela um desconhecimento da história. Desde o início, existem as diversas tradições eclesiais dentro do cristianismo: a tradição das comunidades fundadas por Paulo, as fundadas por João, as de tradição petrina, os judaizantes etc. "É mister reconhecer que os primeiros e mais antigos escritos cristãos (isto é, as cartas de Paulo de Tarso) dizem respeito diretamente a existência de toda uma série de comunidades ou Igrejas, às quais são endereçadas" (Penna, 2021, p. 12).

E mesmo dentro dos diversos grupos cristãos do início, há, já bastante cedo, problemas com a unidade. Pelas cartas de Paulo de Tarso, temos notícias das tensões internas nas Igrejas primitivas. Logo no início da Primeira Carta aos Coríntios (1,10-13), Paulo chama a atenção da comunidade para que superem as divisões. Na Carta aos Gálatas, Paulo já se mostra muito severo, ao condenar as pessoas que pregam "falsas doutrinas": "Se alguém vos pregar outro evangelho diferente do que recebestes, seja anátema" (Gl 1,9) e em Gl 2,4 ele fala inclusive em "falsos irmãos, intrusos".

Estas divisões no início do cristianismo não provocaram, contudo, divisões no sentido de cismas da instituição Igreja, mesmo porque ela não se entendia ainda como uma organização com uma unidade institucional definida. O cristianismo inicial conhece um processo relativamente longo de formação de uma consciência eclesial institucional. Inicialmente é muito mais um grupo de fé que se reúne – desse fato surge justamente o nome, *ecclesia*, "assembleia" ou "reunião" em grego. E como assembleia, é muito mais acontecimento do que instituição. Nos escritos do Novo Testamento que testemunham o processo de formação inicial do cristianismo, o termo Igreja é no mais das vezes utilizado para designar a comunidade local. E como tal, há então muitas Igrejas, sem nenhuma preocupação com uma instituição unificada no sentido de estrutura ou hierarquia central. Aos poucos, começam a aparecer preocupações por elementos que sejam comuns a todos (unificados), mas ainda não se trata de unificação da instituição como um todo. A preocupação com a unidade se dá mais em torno de temas específicos, como a questão da circuncisão, dos costumes alimentares e com a unidade no relacionamento entre as pessoas, pois Paulo relata que "há discórdias entre vós" (1Cor 1,11).

Com a chamada virada constantiniana, ou seja, a aceitação do cristianismo como religião lícita por parte do Império Romano, e os concílios dogmáticos da Antiguidade – Niceia: 325; Constantinopla: 381; Éfeso: 431 e Calcedônia: 451 –, surgiu uma consciência mais aguçada da necessidade de unidade tanto institucional quanto doutrinal. Existem longas e intrigantes discussões acerca de se essa unidade institucional constituía mais uma necessidade e um desejo do enfraquecido Império Romano do que da própria comunidade cristã. O fato, contudo, é que, principalmente no primeiro concílio da Antiguidade, o de Niceia, surgiu claramente a preocupação com a unificação institucional, o que não se traduzia ainda em unificação no sentido jurídico da palavra. A unificação buscada ali visava mais a uma interpretação comum de elementos importantes, acerca dos quais existiam divergências. Os concílios subsequentes mantiveram essa consciência na busca pela unificação. Foi justamente em torno dessa unidade almejada nos concílios que surgiram aquilo que se poderia denominar cismas no seio do cristianismo. Aqui, cismas não se confundem tanto com cisões, pois não se trata de divisão a partir de uma unidade institucional jurídico-formal, mas sim de cismas no sentido de não acompanhamento ou não aceitação da interpretação validada como pertinente a todos – ecumênica – nos concílios, em relação a algumas questões.

O processo de unificação das Igrejas cristãs, pelo menos do ponto de vista da interpretação de elementos centrais da fé, ocorrido nos primeiros concílios da Antiguidade, é, por um lado, testemunha da preocupação pela unidade e por outro também testemunha da pluralidade de interpretações que havia na época. O longo processo e esforço pela unificação gerou, por outro lado, o fenômeno da compreensão da divisão no seio das Igrejas. Apresentaremos a seguir uma lista não exaustiva destas divisões na história do cristianismo, e comentaremos de forma rápida o contexto e os motivos que levaram às divisões. Aqui são colocados os casos mais conhecidos e, a título de exemplo, para se formar rapidamente uma visão panorâmica das ramificações institucionais dentro do cristianismo.

a) A Igreja persa ou caldeia

A primeira divisão institucional clara dentro do cristianismo surgiu por questões explicitamente políticas. O cristianismo havia se difundido para o Oriente para dentro do Império Persa, o qual era o inimigo do Império Romano ao Oriente. No contexto de guerra entre os dois impérios, os cristãos sob o domínio persa passaram a ser acusados de serem aliados dos romanos em segredo. Para fugir dessa acusação, os cristãos reuniram-se no ano de 410 no Sínodo de Selêucia e ali decidiram adotar uma organização autônoma em relação ao patriarcado de Antioquia, ao qual estavam ligados. A separação foi confirmada novamente no Sínodo de 424. Não se discutiram divergências teológicas.

A separação foi claramente uma solução para a questão política. Não houve, na verdade nenhum rompimento formal, mas a criação de uma instituição autônoma de fato. O cristianismo persa foi dotado de um notável vigor missionário e se expandiu ao Oriente pela Índia e pela China. O ponto máximo de sua expansão ocorreu no século XII, quando contava com cerca de 50 milhões de cristãos. Começou aí, no entanto a decadência sobretudo pelas invasões de grupos islamizados. Sobraram poucas comunidades que no início do século XXI contavam com não mais de 200 mil fiéis que viviam no Irã, no Iraque e na Índia – os também chamados cristãos de São Tomé. Nesse primeiro momento de divisão organizacional dentro do cristianismo, o motivo básico foi político e inclusive externo ao próprio cristianismo; tratou-se de uma divisão motivada pela política dos dois impérios, e não necessariamente de uma divergência entre os cristãos. Mas tal divisão mostrou um elemento interessante que é o da diversidade cultural. O cristianismo que se expande para o Oriente tomou as feições culturais destas regiões e se desenvolveu de maneira muito distinta do cristianismo ocidental, que, ao se expandir pelo Império Romano, também foi muito influenciado em seu modo de pensar e de organizar pela cultura greco-romana.

b) O cisma das Igrejas monofisitas

Na fórmula aprovada pelo Concílio de Calcedônia, ficava reconhecida e declarada a união de duas naturezas em Jesus Cristo ("[que se confesse] um só e o mesmo Cristo, Filho, Senhor, unigênito, reconhecido em duas naturezas, sem confusão, sem mudança, sem divisão, sem separação" (Denzinger; Hünermann, 2015, n. 302)). Algumas Igrejas orientais presentes no concílio não aceitaram essa fórmula e afirmaram subsistir em Jesus Cristo apenas uma natureza. Estes, chamados *monofisitas* (*mono* = uma; *físis* = natureza, ou seja, defensores de uma só natureza), foram condenados pelo concílio ("o santo Sínodo ecumênico decidiu que ninguém pode apresentar, escrever ou compor uma outra fórmula de fé ou julgar ou ensinar de outro modo") (Denzinger; Hünermann, 2015, n. 303). As Igrejas dirigidas por bispos monofisitas persistiram, entretanto, em sua compreensão. Elas tiveram inclusive uma expansão missionária no leste africano, sobretudo na Etiópia. Embora permanecessem bastante isoladas do resto do cristianismo, a ponto de seus territórios terem sido quase que totalmente islamizados dois séculos mais tarde, até hoje existem estas Igrejas de compreensão monofisista: a Igreja Apostólica Armênia; a Igreja Síria Ortodoxa; a Igreja Copta Ortodoxa e a Igreja Ortodoxa da Etiópia. Estas Igrejas nunca aceitaram o rótulo de *monofisitas* e se autodenominam *ortodoxas orientais*. Hoje, não estão apenas restritas a estes países de origem e se encontram presentes em muitas outras regiões do mundo, devido sobretudo às migrações de seus fiéis; seu número atual de fiéis é de cerca de 22 milhões.

Na divisão ocorrida pela questão monofisita, aparece já muito clara a diversidade de interpretação teológica. Há motivações advindas de diferenças culturais, mas a questão central é de natureza teológica.

Estes dois primeiros cismas aqui apresentados (Igreja da Caldeia e Igrejas monofisitas) acontecem, no entanto, em um período em que a consciência da existência de uma unidade institucional ainda não está plenamente formada. Dever-se-ia talvez mais propriamente falar de surgimento ou de consolidação de uma instituição em determinada direção que propriamente em um cisma. Há também que se recordar aqui o fato de ter havido no início do cristianismo outras tradições eclesiais que não tiveram continuidade, como as Igrejas judaico-cristãs e as Igrejas joaninas. Não trataremos destas Igrejas, pois não estão no foco da discussão do ecumenismo.

As divisões que apresentaremos em seguida ocorreram, no entanto, dentro de um contexto já de consciência maior da unidade institucional e são, assim, muito mais marcadas pela ideia de ruptura, em comparação com as anteriores.

c) O cisma entre as Igrejas do Oriente (Igrejas Ortodoxas) e do Ocidente (Igreja Católica Romana)

Esse foi o primeiro grande cisma institucional na Igreja, ocorrido oficialmente no século XI. Há, no entanto, uma longa trajetória de tensões que levou à divisão. Essa história comporta aspectos culturais, doutrinais e sobretudo políticos. Vamos apresentar aqui apenas alguns passos mais importantes dessa longa história. Constantino, imperador que se convertera ao cristianismo, resolve, no final de sua vida, transferir a capital do Império Romano de Roma para a cidade de Bizâncio e trocar o nome da cidade para "Constantinópolis", isto é, "cidade de Constantino", a atual Istambul, na Turquia. Com a conversão de Constantino, inaugura-se também uma nova forma de relação entre Igreja e Estado, o chamado cesaropapismo, ou seja, a intervenção do imperador nas questões eclesiásticas.

Roma era a principal sede da Igreja cristã e continuava a ser mesmo após a transferência da capital do império. Como patriarcado da agora nova capital do império, a sede episcopal de Constantinopla ganhou mais importância. Motivado sobretudo por questões políticas, começou a se acentuar a rivalidade entre Roma e Constantinopla. Ora esta apareceu como rivalidade entre o papa e patriarca de Constantinopla, ora entre o papa e o imperador. Um marco dessa tensão ocorreu, por exemplo, entre os anos de 484 e 519, quando se chegou, inclusive, a um rompimento, com excomunhões mútuas entre o Papa Félix II e o Patriarca Acácio de Constantinopla. Após 34 anos houve, no entanto, a reunificação, mas não uma reconciliação plena de ressentimentos. A tensão continuou e apareceu claramente no Segundo Concílio de Constantinopla (553), quando o Papa Vigílio, de Roma, desautorizou o Imperador Justiniano em sua pretensão de jurisdição em questões doutrinais. O concílio se reuniu sob a liderança de Justiniano e aprovou proposições defendidas pelo imperador. Embora o Papa Vigílio se encontrasse em Constantinopla, não participou do concílio. Por pressão do imperador, o concílio condenou o papa e o anátema só foi retirado quando este concordou com as conclusões do concílio e sua legitimidade, declarando-o ecumênico. Vigílio recebeu então por parte do imperador a licença de voltar a Roma, embora tenha falecido na viagem de regresso (Fischer-Wollpert, 2006, p. 216-217).

As Igrejas ocidentais tomavam cada vez mais Roma como referência, enquanto as orientais voltavam-se acentuadamente para Constantinopla. As desconfianças de ambos os lados só aumentaram com as controvérsias políticas (Hortal, 1989, p. 28). Com isso, surgiram costumes eclesiásticos diferenciados, sobretudo no que dizia respeito à liturgia. Nesse aspecto, apareceram especialmente as diferenças culturais entre o Ocidente e o Oriente. Em termos doutrinais, há uma questão que se arrasta por séculos: a chamada questão do *Filioque*. O Credo Niceno-Constantinopolitano proclamava esta oração ao Espírito Santo: "Creio no Espírito Santo, Senhor que dá a vida e procede do Pai, e com o Pai e o Filho é adorado e glorificado". Entretanto já no século VI se rezava em alguns lugares da Igreja latina: "Creio no Espírito Santo, Senhor que dá a vida e procede do Pai *e do Filho*", acrescentava-se, assim, o "e do Filho" (em latim: *Filioque*). Esse acréscimo, que começou provavelmente na Espanha, se espalhou aos poucos por toda a Igreja do Ocidente. Devido também à rivalidade entre Roma e Constantinopla, a versão do Credo com o *Filioque* fora assumida oficialmente no Ocidente, o que a Igreja do Oriente não aceitou. Não aceitou especialmente por duas razões: a primeira é que essa inclusão modificou o Credo aprovado por um concílio e só um concílio, portanto, teria a autoridade de modificar a fórmula do Credo; a segunda razão foi divergência de interpretação teológica. Enquanto, no Ocidente, se acentuou a igualdade de substância entre o Pai e o Filho, no Oriente se acentuou mais a diferença de procedência das pessoas na Trindade. Para os Orientais, o *Filioque* era teologicamente problemático, pois tendia a perder de vista a diversidade entre as pessoas da Trindade.

No passar dos séculos, essa tensão entre Roma e Constantinopla ora se acentuava, ora havia melhor convivência. A crise maior veio no século XI, quando as Igrejas do Oriente publicaram documentos que criticavam duramente os costumes litúrgicos do Ocidente. A reação do Papa Leão IX (1049-1054) foi enviar uma delegação à Constantinopla para pedir explicações. À frente da delegação, estava o Cardeal Humberto, um homem de pouca aptidão diplomática. No dia 16 de julho de 1054, o Cardeal Humberto pôs no altar da igreja constantinopolitana de Santa Sofia uma bula que continha a excomunhão do Patriarca de Constantinopla, Miguel Cerulário. Esse gesto não fora feito em nome do Papa Leão IX, que entrementes já havia falecido. Em rigor, esse fato ocorreu enquanto a sede romana está vacante, dado que o novo papa só seria eleito no ano seguinte. O Imperador Constantino IX mandou queimar a bula e excomungou Humberto e seus companheiros. Estava marcada a ruptura oficial.

Formaram-se, a partir dali, duas tradições institucionais distintas: as Igrejas do Oriente, por um lado, e a Igreja do Ocidente, por outro. As Igrejas do Oriente se chamaram "Igreja Ortodoxa, Católica e Apostólica do Oriente", enquanto a do Ocidente chamou-se de "Igreja Católica Apostólica Romana". Enquanto esta tem uma sede única, em Roma, as do Oriente foram constituídas por uma série de Igrejas autônomas, cujo órgão supremo foi o Sínodo Episcopal Pan-Ortodoxo, no qual o Patriarca de Constantinopla exerceu o primado de honra. Essa ruptura, que num primeiro momento parecia ser passageira, perdura até os nossos dias e foi agravada por outros fatos históricos, como o que aconteceu durante a quarta Cruzada (1203-1204). Nesse período, os latinos e ocidentais conquistaram e saquearam Bizâncio duas vezes e cometeram toda espécie de barbáries. Quando da ruptura oficial, também já havia se desenvolvido modelos diferentes de Igreja no Oriente e no Ocidente. Enquanto no Oriente não havia uma centralização rígida, mas uma distribuição de liderança maior para os diversos metropolitas, a Igreja Ocidental centrava-se mais na figura do papa, o Bispo de Roma.

Muitos fatores contribuíram com a solidificação da ruptura de 1054. Ainda que a ruptura fosse uma realidade que se implantou, não se pode deixar de nomear aqui esforços feitos pela unificação. Dois foram especialmente dignos de nota: o Concílio de Basileia/Ferrara/Florença (1431-1445), no qual se chegou a uma forma de reunificação (que não perdurou), e o Concílio Vaticano II, no qual foi feita uma declaração conjunta da Igreja Católica Romana e do patriarcado de Constantinopla, que revogava a excomunhão mútua proferida em 1054 e explicava que aquela excomunhão fora feita somente em relação às pessoas envolvidas, e não às respectivas Igrejas.

O cisma entre Oriente e Ocidente foi um processo longo, no qual muitas motivações tiveram um papel importante. O envolvimento da Igreja com o Império Romano fez com que as vicissitudes políticas tivessem também atingido fortemente a instituição eclesial, bem como tornou a motivação política o principal impulsionador do cisma. Mas como envolvia as mais altas personalidades lado a lado (do Império e da Igreja), há fatores pessoais que tiveram um papel não menos decisivo ao longo do tempo, de modo que algumas figuras conseguiram impulsionar unidade, e outras não tiveram a capacidade de reconciliar. Ao mesmo tempo, o decorrer da história cristã em territórios culturalmente tão diversos proporcionou compreensões culturais cristãs (de costumes) diversas, das quais resultou inclusive uma compreensão organizacional diferente. Enquanto no Ocidente, por exemplo, há uma centralidade na igreja em Roma, no Oriente há diversidade de sedes eclesiais. Quando as discussões acaloradas que levaram ao cisma eclodiram, também interpretações teológicas diferentes vieram à baila. Estas não foram, entretanto, tão decisivas ao longo da história que levou à divisão. Pós-divisão, estas receberam sem dúvida um peso maior, embora muitas destas compreensões teológicas diferentes já fossem presentes há muitos séculos.

d) A Reforma do século XVI

No dia 31 de outubro de 1517, assim diz a tradição, o monge agostiniano Martinho Lutero pregou suas 95 teses, que tratavam da venda de indulgências, na porta de entrada da catedral do castelo de Wittenberg. Lutero com certeza não imaginava que seu ato influenciaria toda a história da Igreja ocidental subsequente. A partir de seu gesto, iniciou-se todo um processo de discussão teológica e política, no qual se acirraram as posições de cada lado: Lutero tomava posições cada vez mais distantes do que defendia a teologia da Igreja de Roma; essa instituição, por sua vez, tudo fez para distanciar-se de Lutero. Essa situação não foi, por último, como amiúde acontece em tais ocasiões, acompanhada de interesses políticos. O processo de acirramento e polarização entre Roma e Lutero culminou em 1520 com a publicação da bula *Exsurge Domine* (Ergue-te, Senhor), documento que contém a ruptura entre as autoridades da Igreja Católica e Lutero e seu grupo. Com essa ruptura, ficou caracterizada mais uma grande divisão no seio do cristianismo que – como a divisão Oriente / Ocidente – perdura até hoje e com muitas consequências. A proximidade geográfica entre as duas facções e os interesses políticos de ambos os lados fez essa ruptura ter consequências para os cristãos no Ocidente e para as suas organizações eclesiais.

O cisma na Igreja do Ocidente não pode ser visto como o resultado de uma discórdia entre Lutero e a Igreja de Roma. Todo o contexto – sobretudo de interesses políticos e econômicos – contribuiu essencialmente para o rompimento.

Vejamos rapidamente alguns elementos importantes desse contexto:

Acúmulo de terras e poder pela Igreja: Com o passar dos séculos, a Igreja acumulou a propriedade de muitas terras. Muitos bispos foram também príncipes e exerceram uma dupla função: política e eclesiástica. O grande acúmulo de terras nas mãos da Igreja gerou, por outro lado, uma imensa massa de população desprovida da posse de terras que viveu como servos nessas propriedades pobres e submissos. Podemos imaginar a grandeza do potencial de tensões sociais que o acúmulo de terras somado à pobreza gerou.

Início da burguesia: Desde o século XII, havia sido iniciada uma revolução (silenciosa inicialmente) que mais tarde deslocaria totalmente as forças dentro da Europa. Trata-se do surgimento da classe chamada de *burgueses*, uma classe que conseguiu, por meio sobretudo da produção e do comércio, a sua independência econômico-financeira em relação ao sistema feudal e ao seu sistema de bens baseado, sobretudo em propriedade territorial dos príncipes e seus vassalos. Depois de consolidar a independência financeira, os burgueses deram início ao longo (e vitorioso) processo de independência política do sistema feudal. Essa ascensão dos burgueses gerou muitas tensões e depois guerras internas na Europa.

Papado dependente da nobreza e após reforma cluniacense papado muito poderoso (séc. XII e XIII): A própria forma de organização do papel do papa foi historicamente uma fonte de tensões. Quando o papado dependia da nobreza, as lutas e rixas entre as famílias nobres também contaminavam o exercício do papado. A luta pelo poder e influência entre os diversos atores políticos da Europa se refletiu diretamente nas eleições papais. Essa realidade gerou tensões sem fim para a situação da Igreja europeia, dada a dependência do papa de alguns poderes políticos europeus. Essa situação de ligação entre o papado e o império começou já no início do século IV com a conversão de Constantino, mas se aprofundou sobretudo quando o cristianismo se tornou a religião oficial do império, no final do século IV. Quando o Império Romano caiu, a Igreja já estava tão envolvida com o poder político na Europa que não foi possível desfazer a ligação entre os poderes políticos e eclesiais, da qual o papado fazia parte. A situação se alterou no século X, a partir do mosteiro beneditino de Cluny, na Borgonha, fundado em 910, do qual engendrou um novo espírito cristão que atingiu toda a Igreja, inclusive a sua estrutura institucional. Os Papas Leão IX e Gregório VII reformaram o papado, tiraram poder e influência de reis e famílias nobres sobre a Igreja, especialmente sobre a eleição do papa, e deram mais poder às estruturas eclesiais, sobretudo por meio dos cardeais. Embora tenham sido tempos conturbados na relação entre o papado e os reis europeus, o poder do papa se afirmou contra estes. Depois da reforma cluniacense, aconteceu uma concentração do poder nas mãos do papa, que gerou, então, novas e inúmeras tensões entre o papa e as cortes.

Empobrecimento de grande parte da população (séc. XIII): A concentração de poder e riquezas nas mãos da Igreja, de nobres e de burgueses aprofundou, por outro lado, um processo de empobrecimento das massas, que novamente impulsionou tensões, sobretudo sociais.

Movimentos pauperísticos: O surgimento de movimentos pauperísticos (de protesto e espiritualidade) dentro da própria Igreja, como franciscanos, clarissas, dominicanos, cátaros, valdenses etc., foi a contrapartida do empobrecimento da população. A pobreza não foi apenas uma realidade socioeconômica dentro do cristianismo medieval. Ela se tornou também uma questão espiritual. Muitos foram os movimentos que tiveram na pobreza espiritual um de seus principais fundamentos. A rapidez com que estes movimentos tomaram vulto dentro da Igreja mostrou o tamanho da tensão que emanava dessa situação. A instituição eclesial reagiu de forma diversificada a estes movimentos. Por um lado, os reprimiu, inclusive com muita violência, a ponto de realizar até uma cruzada contra os cátaros, que praticamente os dizimou. Também os valdenses foram duramente reprimidos, mas sobrevivem até nossos dias. Já os movimentos em torno de Domingos (dominicanos), Francisco (franciscanos) e Clara (clarissas) foram acolhidos pela instituição eclesial, não sem uma certa tutela e adaptação.

Surgimento dos estados nacionais e o consequente processo de libertação do papado: A Europa medieval viu nascer os estados nacionais, e sobretudo a consciência nacional. Esse processo se deu, em grande parte, como contraposição à subordinação dos reis ao papa. Mas houve também um elemento religioso que marcou o processo: a questão da identidade nacional, focada no modo de ser cultural local, segundo o qual a religiosidade mais independente, com seus costumes e atividades próprios tinha um papel importante. Figuras como João Wycliffe (na Inglaterra) e João Huss (na Boêmia, atual República Tcheca) foram lideranças desse processo.

Divisão do papado em Avinhão (1309-1377) e Roma (1378 cisma de Avinhão): Dentro dessa Europa cheia de tensões, o próprio papado não ficou uno, tendo ocorrido sua divisão por um período, divisão essa que arrastou atrás de si inúmeras tomadas de posições de reis e de príncipes, que levou, assim, a tensão da divisão do papado para muitas regiões dentro da Europa e teve como consequência uma perda de credibilidade dessa instituição.

Movimento humanista (contra a inquisição) e a impressão da Bíblia (Gutenberg: 1453-1455): Não se pode deixar de ver, por último nessa lista de fontes de tensões, o incipiente movimento humanista europeu, prenúncio de uma nova maneira de pensar e entender o ser humano e a sua vida social. A compreensão da importância e do lugar do indivíduo foi um esteio do humanismo e aí a invenção da imprensa teve um grande papel: o livro deixou de ser um objeto de poder de poucos, a imprensa pôs o poder na mão de muitos, mesmo que estes muitos fossem ainda uma elite que sabia ler.

Todos estes elementos contribuíram para impulsionar a proposta de Reforma de Lutero e outras que a esta se sucederam. O Papa Júlio II (1503-1513) havia percebido o clamor por reformas na Igreja. Com esse intuito e para tranquilizar os espíritos e desvalorizar o Concílio de Pisa, que cardeais franceses convocaram em 1511 sob pressão do Rei Luís XII, o papa convocou o V Concílio do Latrão, realizado entre 1512 e 1517. Nesse evento, os participantes aprovaram várias reformas, que, contudo, jamais se implementaram; e muitas outras questões prementes nem sequer se discutiram. Estes muitos focos de tensões dentro da Europa e especialmente da instituição Igreja Católica pressionavam por mudanças, mas por outro lado, a estrutura em torno do papa não conseguia tomar a liderança destas pressões e promover reestruturações necessárias. Assim, as chamadas Reformas do século XVI não podem ser vistas como fatos isolados no tempo e na história, nem como algo ligado somente às suas personagens desencadeadoras, isto é, a Lutero e ao papa. Dentro desse contexto bastante amplo, entretanto, alguns fatos desencadearam o processo que resultou no rompimento institucional.

O fato imediato que desencadeou as divergências, e pode ser considerado a gota d'água que causou o cisma, foi a questão das indulgências. Em 1506, o Papa Júlio II, tendo em vista as dívidas da Igreja, causadas sobretudo pelo início da construção da Basílica de São Pedro e pelos gastos com os exércitos, publicou uma bula que concedia indulgência plenária a quem, ao praticar o sacramento da penitência, oferecesse um dinheiro para as obras da Basílica. A indulgência não substituiria nem o ato da confissão, nem o da absolvição, mas substituiria a penitência aplicada na confissão. O papa sucessor, Leão X, renovou em 1515 a validade da bula. Essas indulgências transformaram-se numa espécie de bônus que podia ser comprado pelos penitentes. Rapidamente, o sistema de indulgências se tornou um sistema de comércio e estas passaram a ser vendidas em muitas partes da Europa, sobretudo por clérigos membros de ordens religiosas. Para a Alemanha, o frade dominicano Tetzel fora designado pregador de indulgências. Alguns príncipes não permitiram que se vendesse indulgências em seus territórios. Os dominicanos em suas campanhas de vendas de indulgências, ao estarem próximos do território onde Lutero vivia – território esse que não permitia a venda de indulgências – receberam a reação do monge agostiniano Martinho, que era professor de teologia e confessor. Lutero escreveu uma carta que tratava do assunto ao arcebispo e a esta acrescentou as 95 teses que explicavam a razão de ele ser contra a venda de indulgências. Diz a tradição que estas teses também foram colocadas a público, na porta de entrada da catedral do castelo de Wittenberg. Era comum à época que comunicados de interesse público pudessem ser afixados às portas das igrejas.

Não se tratava inicialmente, como se viu, de nenhum ato necessariamente revolucionário ou de rebeldia. Para diversos príncipes alemães, entretanto, que não concordavam com o pagamento de indulgências, o manifesto de Lutero foi a ocasião esperada para tentar se livrar da influência e até da ingerência da Igreja Romana em seus territórios. Não há dúvidas que razões de fé estiveram presentes nesse processo, mas não se pôde deixar de ver que houve muitos outros fatores implicados. As posições de Lutero, por um lado, e da Igreja Católica, por outro, se acirraram cada vez mais entre 1517 e 1520. Alguns pontos são importantes nesse percurso. A proclamação das 95 teses de Lutero gerou uma reação na Igreja Romana que criou um processo contra o monge agostiniano por suspeição de heresia. Em outubro de 1518, Lutero foi interrogado em Augsburgo por Caetano, legado papal, sem que desse processo se tivesse chegado a um acordo. Lutero apela ao papa e propõe a convocação de um concílio, o que não ocorre. Um novo ponto alto da tensão aconteceu em Lípsia, onde Lutero expressa sua opinião contrária à força vinculativa das decisões dos concílios. Num escrito de 1520, Lutero expõe sua opinião contrária ao múnus docente do papa, e expressa sua compreensão dos sacramentos: em seu ver, somente o Batismo, a Santa-Ceia e a Penitência (com restrições) são sacramentos. Em 15 de junho de 1520, o Papa Leão X assina a bula *Exsurge Domine* (Ergue-te, Senhor), em que cita 41 posições teológicas atribuídas a Martinho Lutero como contrárias à doutrina da Igreja. Em 10 de dezembro de 1520, Lutero queima publicamente essa bula e o papa então pronuncia o anátema contra ele em 03 de janeiro de 1521. Ainda em abril do mesmo ano, houve uma tentativa de conseguir que Lutero se afastasse de suas posições, na chamada Dieta de Worms, o que não ocorre, de modo que marca definitivamente a divisão.

Nessa discussão, Lutero e os que se alinham com sua perspectiva redescobrem a autoridade da Bíblia e sua relevância fundamental. Lutero até traduziu a Bíblia para o idioma alemão. Mais ainda, adotou-se o princípio *sola Scriptura* como instância de autoridade para interpretar a fé; adotar esse princípio é excluir a tradição como instância de interpretação correta (tirando a tradição, que é, na Igreja Católica Romana, instância de interpretação correta, junto com a Escritura)[1]. Outro princípio base de Lutero é o da salvação pela fé (*sola fide*): só a fé salva. E a salvação é dom, é graça divina (*sola gratia*). Diante das discordâncias teológicas irremediáveis entre Roma e Lutero e com o suporte político de

---

1. Como tradição também se entende as decisões dos concílios. Com isso, fica claro que Lutero não assume as decisões conciliares como matéria de autoridade da fé.

numerosos príncipes, a parte da Igreja que se colocara em favor de Lutero, também cria, aos poucos, outra estrutura eclesial.

Uma das reações por parte do catolicismo romano foi a convocação do Concílio de Trento (1545-1563), que decidiu pela execução da chamada Reforma Católica (às vezes também chamada de Contrarreforma). Com estes dois fatores (Reforma Luterana e Reforma Católica), as duas vertentes se distanciaram umas das outras tanto na compreensão de fé como na estrutura e na organização da Igreja, distância essa que consolidou o cisma. O cisma não se limitou à criação de duas vertentes. O espírito de libertação de Lutero e de volta ao Evangelho como protesto contra a instituição eclesial deu margem a muitas outras divisões (o que se pode chamar positivamente de fundação de novas Igrejas), processo bastante conhecido no seio do protestantismo até hoje. Assim, o século XVI na Europa conheceu o surgimento de outras instituições eclesiais, para além daquelas surgidas a partir do movimento de Lutero.

O que desencadeou o processo que levou à criação das Igrejas da Reforma foi, sobretudo, a questão teológica das indulgências. Mas, dentro do ambiente de amplas tensões em que vivia a Igreja e toda a Europa, essa questão teológica, inicialmente menor, atraiu para si muitos outros elementos candentes que foram decisivos para que a divisão institucional tivesse ocorrido e se mantido. Estas tensões vividas na Europa dos séculos XV e XVI eram de vieses múltiplos, o que também contribuiu para que, no processo das divisões institucionais, não houvesse apenas dois lados e dois interesses, mas muitos lados e muitos interesses. Assim, a ideia de que, no século XVI, houve um cisma com base no qual havia, de um lado, a Igreja Católica Romana e, de outro, a Igreja Protestante, é uma simplificação errônea, pois muitas foram as Igrejas surgidas nesse período. Desse momento histórico, iremos apresentar, a seguir, alguns elementos.

e) O surgimento da Igreja Anglicana

Na origem do processo que leva ao surgimento da Igreja Anglicana está claramente uma questão político-eclesial, muito mais do que uma diferença teológica. Todas as tensões descritas anteriormente no contexto da Reforma luterana atingiam com maior ou menor intensidade também a Inglaterra e criaram tensões que predispuseram os ânimos ao surgimento de uma nova instituição eclesial. O fato específico que desencadeou o cisma foi a questão do divórcio do Rei Henrique VIII de Catarina de Aragão. O rei se casara em 1509 com Catarina, viúva de seu irmão Artur e tia do Imperador Carlos V. Havia dúvidas quanto à validade do casamento de Henrique VIII com Catarina de Aragão, já que eram cunhados. Foi concedida, no entanto, uma dispensa pontifícia com a argumentação de que o casamento anterior não havia sido consumado. O rei apaixonou-se, entretanto, por Ana Bolena, quis com ela se casar e almejou também a geração de um herdeiro masculino para o trono, pois de seu matrimônio com Catarina apenas uma filha, a futura Rainha Maria I, sobreviveu. O rei pleiteia o reconhecimento de nulidade de seu casamento. O caso foi levado aos tribunais eclesiásticos ingleses. Mas Catarina de Aragão apela a Roma em 1529 e o Papa Clemente VII negou ao rei o reconhecimento da nulidade matrimonial. O rei se vê numa situação de pressão, dado que Ana Bolena já estava grávida e, caso o nascituro fosse homem, deveria ser reconhecido como um filho legítimo para ter direito à sucessão. Ele recorre a diversas universidades para que examinem o caso de nulidade matrimonial e algumas se posicionam favoravelmente, e outras não.

Em 1531, o rei se faz proclamar pelo clero "único protetor e, na medida que a lei o permite, cabeça suprema da Igreja e do clero da Inglaterra". Claramente uma proclamação ligada ao sentimento nacional. Não era ainda uma ruptura com Roma, mas já um tensionamento institucional. Em janeiro de 1533, o cardeal de

Cantuária, Tomás Cranmer, celebra secretamente o casamento de Henrique VIII com Ana Bolena e declara nulo o casamento com Catarina de Aragão. O papa, em razão disso, excomunga Cranmer. Henrique VIII reage com a aprovação pelo Parlamento da "Ata de Supremacia" (1534), que reconhece o rei como "cabeça da Igreja da Inglaterra". Com o ato do parlamento, criou-se a base jurídica para uma Igreja nacional (a Igreja Anglicana), que leva ao cisma com a Igreja Romana. A Igreja nacional não reconhece mais a autoridade do papa sobre ela. Sob a óptica da organização, liturgia, teologia etc., continua, de início, entretanto, na mesma tradição da Igreja Católica Romana. Com a morte de Henrique VIII, sobe ao trono Eduardo VI, que vai modificar a Igreja ao introduzir alguns princípios organizativos do protestantismo, mas, ao mesmo tempo, mantém a fidelidade à tradição de fé romana com a aceitação, por exemplo, da validade das decisões dos concílios antigos. A sucessão na casa real inglesa introduz aos poucos diversas mudanças, tanto na Igreja quanto na própria legislação da sucessão ao trono. Até hoje, o Rei ou Rainha da Inglaterra deve ser membro da Igreja Anglicana. Na organização da Igreja Anglicana, não há uma autoridade religiosa central, o que deu a possibilidade de uma diversidade bastante grande de Igrejas com organizações muito diferentes entre si. Devido, por exemplo, ao reconhecimento da validade dos concílios da Antiguidade, aceita-se a proclamação de Maria como Mãe de Deus, proclamação essa advinda do Concílio de Éfeso do ano 431 – há, inclusive, Igrejas Anglicanas que veneram os santos. A organização hierárquica continua com o tríplice ministério, como na Igreja Romana: diaconato, sacerdócio e episcopado. No Reino Unido, a Igreja Anglicana continua oficialmente ligada até os dias de hoje ao Estado: é a Igreja oficial e, à coroa, cabe a nomeação de bispos (após consulta). Mas nos outros países em que se encontra, a Igreja Anglicana não tem vínculo estatal e, com sua grande expansão nos dias de hoje – seguindo, em especial, a própria expansão inglesa – se encontra presente no mundo inteiro, mas com organizações institucionais diversas. Em 1888, foi realizada em Lambeth (Inglaterra) uma conferência das Igrejas de tradição anglicana e, nesta, foi elaborado um documento que coloca quatro elementos como base constitutiva insubstituível da Igreja Anglicana: a) a Bíblia como palavra de Deus e autoridade máxima em questões doutrinais; b) o Credo Niceno-constantinopolitano como expressão comum de fé; c) Batismo e Santa-Ceia como os dois sacramentos de instituição divina; d) o episcopado histórico, de sucessão de pessoas e do Espírito Santo.

No surgimento da Igreja Anglicana estão, em primeiro lugar, motivos pessoais e políticos. Desses, a discussão foi para motivações organizacionais e quiçá teológicas, mas ficaram estas em segundo plano na discussão que levou à Ata de Supremacia, afirmação do sentimento nacional eclesial inglês que deu origem oficial a uma nova instituição eclesial. O primeiro momento da separação institucional da Igreja da Inglaterra da de Roma não significou necessariamente um distanciamento teológico ou doutrinário tão grande. A reforma do anglicanismo vai se consumar com sucessores de Henrique VIII, especialmente sob Isabel I, com documento de 1563, chamado de "39 Artigos da Religião", que até hoje é o principal documento de base de fé do Anglicanismo e marca seu distanciamento da interpretação católica romana, aproximando-se mais da tradição de Calvino.

f) As Igrejas reformadas ou presbiterianas

O movimento de reforma dentro do cristianismo desencadeado por Lutero teve muitos desdobramentos. Diversos pensadores propuseram alterações, algumas das quais ganharam adeptos e estabeleceram Comunidades Eclesiásticas, enquanto outras inspiraram movimentos sociopolíticos. Alguns persistiram ao longo do tempo, outros não. O mais amplo conjunto de Igrejas originado nesse período foi o das Igrejas Reformadas, fruto das ideias do reformador franco-suíço João Calvino (1509-1564). As reformas de Calvino guardam semelhanças com as de Lutero. João Calvino, católico francês e homem de índole serena, adotou, em 1533, os conceitos da Reforma que emanavam de Lutero e de seu círculo. Perseguido na França por sua atuação intelectual reformista, buscou refúgio em Genebra, Suíça, onde viveu a maior parte de sua existência e veio a falecer. Sua obra teológica, *Instituição cristã* (*Institutio religionis christianae*, publicada em 1536), obteve vasta circulação e impulsionou grandemente o modelo de Igreja que concebeu. Ao contrário de Lutero, cuja reforma manteve um caráter predominantemente germânico, o calvinismo revelou uma natureza mais universal e, talvez, um zelo missionário mais acentuado.

> A originalidade do calvinismo – ao menos em seus princípios – funda-se nas doutrinas de transcendência divina, da predestinação e da eucaristia; e, no plano da organização eclesiástica, no regime presbiteriano (governo de presbíteros e anciãos), oposta à forma episcopal (Navarro, 1995, p. 73).

Diversas Igrejas, ao procurarem a independência de Roma, adotaram os princípios calvinistas. As que seguem essa tradição denominam-se, em alguns países, Igrejas Reformadas e, em outros, Igrejas Presbiterianas. Estas Igrejas não têm uma estrutura hierárquica baseada em ordenações, mas em ministérios, que são quatro: pastor, doutor, ancião (ou presbítero) e diácono. O Batismo e a Santa-Ceia são os únicos sacramentos. A sobriedade marca a Igreja e o culto, com ausência de flores, imagens e com vestimentas litúrgicas discretas. A Bíblia, que mantém a posição central, é acompanhada pela pregação, que se destina à interpretação da palavra.

A principal motivação pela qual surgem as Igrejas reformadas calvinistas é eclesiológica. Em sua origem, trata-se de um desejo de mudar a forma de ser Igreja. Não está ali, diferentemente do caso de Lutero e de Henrique VIII, uma querela pessoal entre Calvino e Roma, ou algum processo semelhante ao que ocorreu com Lutero e com Henrique VIII. Sua frente de discussão é mais intelectual, social e eclesiológica, de modo que Calvino pode ser considerado mais um ideólogo (eclesiólogo) que propõe um novo modo de ser Igreja e de compreender a teologia. Foi, sim, perseguido por suas ideias e suas ações, mas seu estabelecimento em Genebra, embora inicialmente controverso, se torna mais estável pelo fato de ser uma cidade que já havia assumido a Reforma. Ali, ele pode, então, desenvolver e colocar em prática suas propostas. E, assim, se juntam grupos que formam Igrejas.

Estas divisões institucionais ocorridas no século XVI no seio do cristianismo europeu irão ter uma repercussão maior em termos de cristianismo mundial, pois foi nesse mesmo século que ocorreu um grande expansionismo mercantilista e colonizador por parte de diversos países envolvidos em reformas eclesiais. Assim, as divergências eclesiais ocorridas em terras europeias foram – com a chamada colonização – também exportadas para as respectivas regiões do mundo onde estes países com Igrejas reformadas alcançaram seu domínio. Nisso estiveram envolvidos especialmente Portugal, Espanha, França, Países Baixos e Inglaterra. O período de domínio colonial que se segue arrastou, para dentro das regiões colonizadas, as respectivas querelas eclesiais de seus países de origem.

Outro elemento importante na história desse contexto de reformas eclesiais do século XVI, de que não trataremos aqui, foi o fato de que as tensões no campo eclesial não ficaram somente em discussões teológicas, doutrinais ou de surgimento de novas Igrejas. Elas levaram também a diversas guerras, entre elas a dos camponeses na Alemanha, a dos católicos e huguenotes na França, a guerra dos trinta anos etc., que se estenderam até o século XVII e redesenharam parte do mapa político da Europa.

g) As Igrejas batistas

O movimento de divisão eclesial institucional aliado aos Estados europeus gerou também um outro fenômeno eclesial, o de Igrejas que surgiram de movimentos contestatórios às Igrejas alinhadas com os Estados, o que Hortal chama de "Igrejas *não conformistas ou livres*" (1989, p. 66). Entre elas estão as Igrejas batistas. Estas Igrejas nasceram no início do século XVII. John Smyth, clérigo anglicano, passou a contestar o batismo infantil em sua comunidade e, buscando refúgio nos Países Baixos, submeteu-se novamente ao batismo em 1609, dando origem a um novo grupo. Thomas Helwys, advogado inglês que acompanhou Smyth, regressou mais tarde a Londres para estabelecer, em 1612, uma comunidade com princípios semelhantes, considerada a primeira comunidade batista britânica. John Smyth, que não retornou à Inglaterra, veio a falecer nos Países Baixos no ano da fundação da comunidade londrina. Muitos veem as raízes da inspiração do movimento batista nos chamados anabatistas, movimento radical da época de Lutero, que não aceita o batismo de crianças e começa a rebatizar as pessoas (daí o nome de anabatistas). Esse movimento foi muito perseguido na Alemanha e na Suíça por suas posições políticas a favor do pacifismo, contra qualquer juramento nos tribunais, contra a cobrança de juros, e a favor de uma separação estrita entre Igreja e Estado. Que tenha havido uma ligação causal entre os anabatistas e a fundação das Igrejas batistas não é, entretanto, tão claro assim. Pode ter havido aproximação de princípios e compreensões, mas nem por isso se pode afirmar serem as Igrejas batistas descendentes diretas do movimento anabatista. Thomas Helwys escreveu o texto *Uma declaração breve do mistério da iniquidade*, no qual, entre críticas tanto ao papado como a outras correntes eclesiais, admoesta a monarquia a submeter-se a Deus. Tentou entregar o texto ao Rei da Inglaterra; foi, entretanto, preso e na prisão (onde o texto foi encontrado) ficou até a morte. O texto é considerado fundamental para a busca de liberdade religiosa e eclesial frente ao Estado. Embora Helwys tenha sido preso, a comunidade eclesial por ele fundada não se extingue, pelo contrário, conhece um intenso crescimento, principalmente fora da Inglaterra. Como muitas outras Igrejas, também a batista buscou refúgio no Novo Mundo; Roger Williams fundou, em 1639, a primeira comunidade batista nos Estados Unidos. Ali, essa Igreja teve uma grande expansão, tanto por causa de sua posição política como por sua simplicidade, seu emocionalismo cultual e sua posição de abertura e de acolhimento perante imigrantes. Assim, as comunidades batistas tiveram uma boa aceitação nos Estados Unidos, principalmente entre os negros. Há muitas subdivisões dentro da tradição batista ou, talvez mais bem expresso, muitos subgrupos distintos. A primeira grande divisão dentro da Igreja Batista acontece no século XVIII por causa de uma discussão do caráter da salvação. Assim, um grupo defende a ideia de que Jesus Cristo redimiu toda a humanidade. Estes são chamados de *batistas gerais*. Outro grupo entende ser a redenção algo que se refere somente aos predestinados. Estes são conhecidos como *batistas particulares*. Houve, mais tarde, um movimento de unificação dentro da própria Igreja Batista, do qual resultou a Aliança Batista Mundial, fundada em 1905, que reúne hoje a maioria das Igrejas. Trata-se, entretanto, mais de um fórum de unidade e de discussão que propriamente de uma instituição unificadora. O princípio organizacional da Igreja é a autonomia da comunidade local, que é dirigida geralmente por pastores e por anciãos (nomeados pelos membros da comunidade). Qualquer pessoa pode ser nomeada para estes ministérios e não se conhece a ordenação. Os sacramentos são dois: o Batismo (feito só para adultos e por imersão) e a Santa-Ceia. Tradicionalmente, a Igreja Batista, seguindo sua intuição inicial, não se liga ao Estado e historicamente esteve muito ligada a lutas pela liberdade e por direitos, como se pode ver na figura do pastor batista Martin Luther King.

h) As Igrejas congregacionais

Estas nasceram na Inglaterra num movimento do século XVII de oposição ao anglicanismo e especialmente da crítica à união entre a Igreja e a Coroa inglesa. As opções de Igreja eram ou as Igrejas tradicionais (católica ou ortodoxa), ou então a Igreja ligada ao Estado. Desse impasse, surgiram movimentos dissidentes que queriam a autonomia tanto frente às Igrejas tradicionais estabelecidas quanto frente ao Estado. No grupo dos precursores desse movimento estão dois ingleses, Robert Browne e John Robinson. Seu movimento se estabelece definitivamente nos Estados Unidos, embora por um certo período também tenha sido forte na Inglaterra, onde mais tarde foi absorvido novamente pelo anglicanismo. Esse movimento privilegiava a autonomia da comunidade local e sua total liberdade frente a qualquer instância superior (daí o nome "congregacional", ligada à congregação local). Essas comunidades têm uma ideia de organização fortemente teocrática e influenciaram muito o movimento de independência dos Estados Unidos. Como a comunidade local é a autoridade máxima, uma ordenação ministerial também não ocorre nestas comunidades. Isso tanto a ordenação no sentido católico como o ministério no sentido luterano. Estas Igrejas são marcadas historicamente por um forte espírito missionário e, por isso, conheceram uma grande expansão. São de certa forma as precursoras do chamado *American way of life* (estilo americano de vida): espírito de iniciativa, de independência, autodeterminação, mas, ao mesmo tempo, rigoristas, puritanos e teocráticos. Sua estrutura aproxima-se da das Igrejas reformadas ou presbiterianas, com a diferença de que a comunidade local tem total autonomia (também a autonomia do indivíduo). Essa autonomia está na base da criação de muitas novas comunidades, o que é um forte fator de sua expansão.

i) As Igrejas metodistas

Estas Igrejas nasceram da Igreja Anglicana como consequência do trabalho reformador do clérigo John Wesley (1703-1791). Wesley procurou já desde cedo levar uma vida cristã rigorosa: leitura metódica da Bíblia, jejuns, exames de consciência, austeridade no vestir-se etc. Daí o nome "metodistas", que foi o apelido dado ao grupo de Wesley, quando ainda era estudante universitário. Como presbítero anglicano, ele vai às colônias inglesas dos Estados Unidos, onde conduz um estilo próprio de vida austera e atua especialmente na pregação. Tendo retornado a Inglaterra, teve, no dia 24 de maio de 1738 uma profunda experiência de fé, na qual – segundo relata – teve a certeza da ação salvífica de Cristo em si. O dia 24 de maio é comemorado pelas comunidades metodistas como "Dia de Wesley".

Wesley, a princípio, não se via como reformador e não tinha a intenção de estabelecer uma nova Igreja. Contudo, o aumento da resistência ao seu grupo e aos seus métodos evangelísticos na Igreja Anglicana levou ao seu afastamento em 1739. Começou então a pregar em espaços públicos, atividade que manteve pelo resto de sua vida. Fundou muitas comunidades que adotaram seu método de vida cristã, as quais não se consideravam novas Igrejas, mas sim associações de fiéis. Diante da recusa da Igreja Anglicana em oferecer assistência pastoral a esses grupos, Wesley, após muitíssima hesitação, ordenou ministros em 1784, desafiando a tradição anglicana e marcando um cisma.

As comunidades e ministros ordenados por Wesley mantinham-se, inicialmente, ligados à Igreja Anglicana. Contudo, em 1828, trinta e sete anos após a morte de Wesley, a Igreja Metodista consolidou-se como entidade autônoma. Por causa do estilo de vida de seu fundador, a Igreja que daí nasceu preservou a tradição do ministério itinerante, e as comunidades eram coordenadas por superintendentes ou bispos. A história da Igreja Metodista incluiu várias divisões, mas em 1881 houve uma iniciativa de unificação, culminando na Conferência Metodista Mundial, que congrega 65 igrejas.

Como características peculiares da tradição metodista, pode-se colocar a ênfase na Sagrada Escritura como autoridade última de fé, cujo direito de interpretação é individual; o rigorismo nos costumes (o ser humano é fraco e pecador); a insistência na vida austera no seguimento de Cristo e a grande importância da pregação. Como o anglicanismo – e o luteranismo – a Igreja Metodista entende também que a justificação vem pela fé, entretanto a santificação dos justificados é importante mediante uma vida de piedade e caridade. Dessa compreensão, deriva-se a grande preocupação social presente na Igreja Metodista. Seguindo o exemplo anglicano, Wesley também elabora uma declaração e artigos de fé, os "25 artigos de fé" que continuam servindo de orientação à identidade eclesial para as diversas Igrejas metodistas.

A motivação que leva ao surgimento da Igreja Metodista é de ordem organizacional e pessoal. John Wesley propunha uma outra forma de atuação evangelizadora de sua Igreja. Sob sua liderança e com essa proposta metodológica, surgiu aos poucos uma realidade eclesial própria dentro da Igreja Anglicana. Só mais tarde, inclusive após a morte de Wesley, as comunidades fundadas com essa proposta de identidade vão se tornar institucionalmente uma Igreja própria.

j) Os Mórmons

O grupo religioso denominado comumente de Mórmon tem o nome oficial de Igreja de Jesus Cristo dos Santos dos Últimos

Dias. Essa Igreja nasceu do trabalho de Joseph Smith (1805-1844), que afirmava ter tido visões que se estenderam de 1820 a 1829. Nestas, o anjo Morôni lhe indicava um lugar em que se encontraria o *Livro de Mórmon*, livro esse que seria "o livro mais correto de todos os livros da terra e chave de nossa religião" e que servia tanto como complemento quanto como correção da Bíblia. Smith transcreveu a mensagem desse livro e ele foi levado novamente ao céu pelo anjo. O chamado Livro de Mórmon é de suma importância para essa Igreja, por vezes considerado de importância maior do que a Bíblia. O escrito é de caráter profético e pretende narrar – na concepção da Igreja – a história dos remanescentes das 10 tribos de Israel (Reino do Norte) que teriam se estabelecido nos Estados Unidos. Após o Livro de Mórmon, Smith tem outras revelações. Em torno destas revelações e de seu escrito, começa ele a reunir adeptos e forma uma comunidade chamada de Reino Cristão. Depois de terem sofrido perseguições em diversos lugares, Smith se refugia com seu grupo no estado de Utah, onde funda Salt Lake City, sede central da Igreja. De cunho milenarista, a doutrina Mórmon dá margem a interpretações diversas dos mesmos temas. Entende-se nessa comunidade que o fim do mundo está próximo, o que faz com que as famílias estoquem alimentos para sobreviver à catástrofe que está por vir. Essa compreensão influenciou uma vida austera e um espírito de poupança. O batismo pode ser repetido para o perdão dos pecados, e pode ser feito inclusive em favor dos mortos. Por conta dessa compreensão, os Mórmons iniciaram um trabalho de recolher dados genealógicos de seus membros, para assim poderem se batizar para perdoar os pecados de seus antepassados. Essa busca de dados dos antepassados deu origem ao que é hoje o maior arquivo de banco de dados genealógicos do mundo. Trata-se de uma Igreja de forte cunho missionário e os homens devem dedicar dois anos de sua vida à pregação, período esse que deve ser autofinanciado. A comunidade Mórmon é muito rigorosa na arrecadação do dízimo, o que a faz financeiramente sólida. Por muitos anos, a poligamia foi admitida entre os Mórmons norte-americanos, mas foi suprimida em 1890 por intervenção do Estado.

No surgimento da Igreja de Jesus Cristo dos Santos dos Últimos Dias está uma motivação religiosa e teológica. As experiências religiosas de Joseph Smith foram a motivação inicial e o embrião a partir do qual se forma uma comunidade religiosa que se organiza e se rotiniza no sentido de formar uma comunidade eclesial. A coesão e a organização em comunidades, de início separadas, inclusive geograficamente, do resto da sociedade, acontecerão muito mais por pressão e perseguição da sociedade do entorno do que por iniciativa própria.

k) As Igrejas adventistas

Nasceram de um movimento dentro da Igreja Batista norte-americana, liderado sobretudo por Willian Miller (1782-1849). Miller, inclinado a ler textos apocalípticos da Sagrada Escritura, chega ao cálculo de que a segunda vinda de Cristo se daria no ano de 1843. Seu anúncio criou uma enorme expectativa em torno dessa espera, mas o enunciado não se concretizou. Depois desse fracasso, ele refaz os cálculos e prevê a segunda vinda de Cristo para o dia 22 de outubro de 1844. Depois de errar também a segunda previsão, ele é expulso da Igreja Batista e funda uma comunidade de espera da segunda vinda de Cristo (daí o nome *adventista*), sem, entretanto, determinar a data. O movimento de Miller recebeu grande impulso graças a Ellen Gould Harmon (1827-1915), também conhecida como senhora White por ter se casado com o pastor adventista James White. Ela reinterpreta as previsões de Miller, bem como seus escritos, e produz uma vasta literatura, até hoje muito difundida, em especial entre os adventistas. Nestas obras, é discutida a questão da segunda vinda de Cristo, das condições, do destino dos pecadores, do céu, da terra etc. Todas estas questões, que dão margem a muitas interpretações, também foram motivo de outras cisões dentro do próprio movimento adventista. Em 1860, formou-se um grupo chamado "Igreja Adventista do Sétimo Dia", grupo que se tornou o mais influente dentro do movimento adventista. Não apenas a difusão de obras adventistas e a fundação de numerosas casas editoriais ajudaram a expansão dessa Igreja, mas também o seu trabalho social na área da saúde e a conhecida emissora radiofônica internacional "The Voice of Prophecy", que chega a mais de cem países. Sob a óptica da doutrina, aproximam-se das Igrejas reformadas, apesar de terem peculiaridades, como a esperança da vinda iminente de Cristo, a compreensão de que só os justos são imortais, a observância estrita aos dez mandamentos, razão pela qual os membros dessa Igreja celebram rigorosamente o sábado, e não o domingo[2], a grande importância dada à passagem de que o corpo é o templo do Espírito Santo e, por isso, o interesse na questão da saúde, o incentivo à prática vegetariana, desaprovação do consumo do café, do chá, da carne de porco, de bebidas alcoólicas e do tabaco. Por conta do rigor interpretativo da Bíblia, também há uma prática estrita do dízimo, do lava-pés e do batismo por imersão. A colaboração dos adventistas com movimentos ecumênicos é praticamente nula.

Com o surgimento da Igreja Adventista, temos mais um exemplo de formação eclesial com base em interpretação teológica. Em sua motivação inicial, está a interpretação bíblica própria que faz Willian Miller e a força de atração que tem a sua proposta. Há, no surgimento dessa Igreja, um elemento interessante que é uma espécie de cofundação ou refundação que se dá pela senhora White. Seus escritos, que reinterpretam Willian Miller, são de fundamental

---

2. Por causa da observância do sábado, são também às vezes chamados de "sabatistas".

importância para a comunidade adventista. Sua força está tanto na reflexão teológica que faz em seus livros[3] de elementos apocalípticos, o que retoma a inspiração inicial do movimento, quanto numa série de outros elementos que passam a ser importantes para a Igreja, entre os quais se destacam a questão educacional e a temática da saúde. Por conta dessa inspiração, a Igreja Adventista, para além de ter criado colégios e centros educacionais em muitos países, também desempenha papel proeminente em temas de saúde, com ênfase particular em estilos de vida e dietas saudáveis.

l) Os Testemunhas de Jeová

De caráter tipicamente milenarista, o grupo Testemunhas de Jeová pode ser caracterizado como de tradição cristã ou então judaica. Esse movimento foi fundado em 1872, com o nome de "União Internacional dos Verdadeiros Inquiridores da Bíblia". Em 1931, adotou o nome atual, Testemunhas de Jeová. O fundador do movimento é Charles Taze Russell (1852-1916), norte-americano de origem presbiteriana e convertido à Igreja Adventista. As doutrinas milenaristas adventistas influenciaram-no profundamente, e ele se dedicou ao estudo intensivo do Livro de Daniel e do Apocalipse, convicto de que era da iminência do fim dos tempos. Propôs várias datas para o fim do mundo: 1874, 1914 e 1925. Após a sua morte, seus seguidores descartaram a prática de determinar uma data para tal evento. Em sua compreensão teológica, são monoteístas estritos, não aceitando a ideia da Trindade. Nessa teologia, Jesus Cristo é criatura e o Espírito Santo não é pessoa divina. Por conta dessa interpretação teológica, por um lado, em rigor não poderiam ser considerados cristãos, mas, ao mesmo tempo, seguem os ensinamentos de Jesus Cristo. Como Jesus é, entretanto, interpretado

---

3. A obra literária da Senhora White é muito extensa, atingindo mais de 100 títulos, traduzidos já para a língua portuguesa.

somente como humano e não divino, Ele não é o Salvador, já que a ação de salvação cabe somente a Deus. E esta é conseguida pelas boas obras do esforço humano na luta contra o mal. Nisto, diferem claramente, por exemplo, da interpretação das Igrejas reformadas, que entendem a salvação somente pela fé. Fazem muitas vezes uma leitura literal da Bíblia e, por causa das passagens de Gn 9,4 e Lv 7,26, que afirmam ser o sangue propriedade de Deus, não admitem a transfusão sanguínea, o que tem chamado a atenção para o seu movimento. Combatem fortemente a idolatria e, por isso, são contra, por exemplo, o serviço militar, a saudação à bandeira e outros juramentos cívicos. Os Testemunhas de Jeová não têm nenhuma atuação política. Pelo contrário, a atuação política é inclusive proibida aos seus membros. O distanciamento de atuação cívica ou política é teologicamente baseado na ideia de que "não são deste mundo", por isso não deve aderir às ações consideradas típicas da ordem secular. Os membros dessa Igreja são muito ativos no trabalho missionário, no qual utilizam sobretudo o método de visita às casas. O lugar de reunião é chamado de "Salão do Reino". Em termos organizacionais, é uma instituição que tem uma central mundial nos Estados Unidos (no Estado de Nova Iorque), a partir da qual a organização é governada no mundo inteiro.

Com o surgimento do movimento Testemunhas de Jeová, temos novamente um exemplo típico de que uma interpretação teológica (bíblica) foi o principal motivador da criação da comunidade. Nesse processo, o papel da liderança pessoal – no caso a de Charles T. Russell – foi também decisivo.

m) A Igreja veterocatólica

Um novo cisma no seio da Igreja Católica veio ocorrer no século XIX, mais especificamente como decorrência do dogma da infalibilidade papal proclamado pelo Concílio Vaticano I (1870).

A recusa da aceitação dessa proclamação conciliar levou à fundação de uma Igreja separada da Católico-Romana, mas de tradição católica. Essa Igreja é relativamente pequena em número de membros e é bastante ativa no trabalho ecumênico, tendo já reconhecido como válidas as ordenações da Igreja Anglicana em 1925 e desde 1932 mantém intercomunhão total com os anglicanos. A Igreja Veterocatólica aceita como válidos todos os concílios da Igreja antiga e tem seu episcopado na sucessão apostólica. Como diferença da Igreja Católica Romana, para além da já citada recusa da infalibilidade papal, os veterocatólicos não aceitam a Imaculada Conceição nem a Assunção, mas têm veneração por Maria. Quanto aos sacramentos, têm os mesmos sete que a Igreja Católica Romana, mas aboliram o celibato obrigatório para o sacerdócio em 1878 e desde 1966 os veterocatólicos têm também a ordenação sacerdotal para mulheres. Em 27 de maio de 1996, que foi uma segunda-feira de Pentecostes, duas mulheres foram as primeiras a receber o sacramento da Ordem nessa Igreja.

O surgimento dessa Igreja a partir do ramo católico romano está ligado a questões tanto teológicas como organizacionais. O Concílio Vaticano I foi o desencadeador final do processo, pois a discussão em torno da centralização da Igreja Católica no papado e suas atribuições gerara muitas controvérsias. Dentro da própria Europa, havia a Igreja Católica independente de Utreque, que vigorou até 1702. Esse tema foi levado ao Concílio Vaticano I – uma reunião, aliás, um tanto conturbada devido ao contexto de guerras em que ocorreu e nunca foi oficialmente encerrada. As decisões ali adotadas, fruto da deliberação de um número reduzido de bispos que as circunstâncias permitiram estar presentes, contrariaram inicialmente um segmento notável do episcopado, sobretudo o germânico, além de uma parte considerável do clero e dos fiéis. Com alguns desses bispos, mais tarde se estabeleceram acordos que resultaram na aceitação do dogma da infalibilidade papal; com outros, não se alcançou consenso. Os católicos que rejeitaram o dogma foram privados da possibilidade de participar dos sacramentos, isto é, foram excomungados. E é justamente essa parte que se decidiu pela iniciativa de criar uma comunidade eclesial que conservava os princípios anteriores ao concílio (daí o nome de veterocatólicos). Embora conserve claramente a estrutura episcopal na liderança, a Igreja veterocatólica adotou, com o tempo, um modelo organizacional que se poderia chamar de episcopal-sinodal, ou seja, as decisões organizacionais são não apenas atribuídas ao epíscopo, mas passam também por um processo de discussão sinodal.

n) As Igrejas pentecostais

O pentecostalismo é um fenômeno religioso nascido no fim do século XIX. As comunidades pentecostais nascem dentro das comunidades evangélicas norte-americanas, especialmente na esteira de campanhas denominadas *despertar religioso* ou *reavivamento religioso*. Eram campanhas de missão organizadas com o intuito de fazer reavivar a fé dos membros das diversas Igrejas que estivessem um tanto distantes e não participantes nas comunidades. De certa forma, inspirados no pregador ambulante John Wesley, o *despertar religioso* passa a ser um verdadeiro fenômeno transconfessional de pregadores ambulantes que passam pelas diversas comunidades a fazer o reavivamento da fé. Estes movimentos davam muita ênfase à questão do Espírito Santo, ao experimentar um "novo Pentecostes", tendo algumas comunidades iniciado com o batismo no Espírito Santo. Algumas denominações começam a rechaçar de seu meio estes pregadores ambulantes e estes, por sua vez criam grupos a partir de suas experiências, grupos estes que se tornam então Igrejas independentes. Seguem, com isso, um pouco o princípio congregacional: cada comunidade pode ser, em si, uma Igreja independente. Por causa da importância dada à experiência do "novo Pentecostes", da experiência do Espírito, as Igrejas nascidas desses movimentos passaram a receber a denominação de *Igrejas Pentecostais*, expressão essa que nem todas empregam oficialmente (por exemplo a Assembleia de Deus, a Igreja Internacional do Evangelho Quadrangular), mas outras o fazem (por exemplo a Igreja Pentecostal Deus é Amor). O fenômeno do pentecostalismo ocasionou o surgimento de muitas Igrejas, cujas estruturas organizacionais, bem como sacramentais variam muito entre si: desde as que adotam um pouco a estrutura metodista (organização hierárquica por regiões), como as congregacionalistas (a comunidade é autônoma). Em outras, o carisma do próprio fundador deixou alguma forma específica de organização. O fenômeno pentecostal não se restringiu apenas à criação de Igrejas manifestamente pentecostais. Esse fenômeno também pode ser observado no interior de outras Igrejas evangélicas e mesmo no seio da Igreja Católica, com a chamada Renovação Carismática Católica (RCC). Algumas características muito comuns a estas Igrejas: leitura fundamentalista ou literalista da Bíblia, ênfase na santificação pessoal, dom da fala em línguas (chamado de batismo no Espírito), ênfase à figura do demônio, rigorismo (em diversos aspectos, que dependem de comunidade para comunidade: em algumas, rigorismo no dízimo; em outras, no vestir; em outras ainda, no comportamento ou nos costumes).

Em cerca de um século, o fenômeno pentecostal atingiu grande parte do cristianismo e trouxe uma renovação eclesial muito forte, bem como tensões na convivência com as Igrejas cristãs tradicionais. Por ser um fenômeno tão amplo, voltaremos à temática mais adiante.

o) A Igreja Católica Apostólica Brasileira

Dentro da Igreja Católica Apostólica Romana, ocorreu, no Brasil, um cisma em 1945 que culminou na fundação da Igreja Católica Apostólica Brasileira. A origem dessa Igreja está ligada à figura de Dom Carlos Duarte Costa. Dom Carlos (1888-1961) foi ordenado sacerdote da Igreja Católica Romana em 1911 e, em dezembro de 1924, foi ordenado bispo na catedral metropolitana do Rio de Janeiro, tendo sido designado como segundo bispo da diocese de Botucatu, onde começa seu múnus episcopal em fevereiro de 1925. À frente da diocese, Dom Carlos exerceu intensa atividade pastoral, social e política. Estas atividades vão gerar, por um lado, o apoio de muitas pessoas, por outro, oposição de grupos sociais e eclesiais. O apoio aberto dado por Dom Carlos à Revolução Constitucionalista de 1932 foi outra origem de tensões. Desejava igualmente ver implantadas reformas em sua Igreja Católica Apostólica Romana.

> Suas ideias de democracia e de liberdade, aliadas ao desejo de ver uma maior integração entre os credos religiosos, de respeito para com as diversas igrejas, de vida familiar para os sacerdotes, da destituição da lei do celibato, desacordo com a confissão auricular, iniciou um processo de confronto com a cúpula da Igreja Romana (Alves, 2021, p. 29).

Assim, em sua visita *ad limina apostolorum* em março de 1936, teria feito ao Papa Pio XI diversas solicitações, como: a) pedido de licença para manutenção em sua diocese de um seminário maior; b) possibilidade de celebrar a missa na língua vernácula; c) igualmente a administração dos sacramentos em língua vernácula; d) supressão do celibato obrigatório para o clero; e) abolição da confissão auricular; f) introdução da confissão geral ou comunitária; g) distribuição da comunhão em duas espécies (pão e vinho); h) introdução do diaconato permanente para casados; i) celebração da Eucaristia com o presidente voltado para o povo (*versus populi*); j) governo colegiado da Igreja por um grupo de bispos junto com o papa; k) maior participação dos leigos na Igreja. Não se tem nenhuma documentação dos diálogos havidos em Roma entre Dom Carlos e a cúria, bem como com o papa. Claro fica, entretanto, que as solicitações não foram acolhidas pela Igreja Romana e aumentaram as tensões já existentes entre Dom Carlos e outras autoridades eclesiásticas. Por estas e por outras tensões, ele foi forçado a renunciar ao governo da diocese de Botucatu, o que ocorreu em 1937, tendo sido então nomeado como bispo titular de Maura. Após a renúncia, foi viver no Rio de Janeiro, onde foi acolhido pelo Cardeal Leme. Com a substituição deste por Dom Jaime Câmara, Dom Carlos perde a proteção da arquidiocese do Rio de Janeiro. Acusado de ligações com os comunistas, foi inclusive preso por alguns meses no ano de 1944. Em 6 de julho de 1945 foi tornada pública a sua excomunhão da Igreja Católica Apostólica Romana. Na mesma data, Dom Carlos Duarte Costa fundou a Igreja Católica Apostólica Brasileira (Icab), cuja finalidade é, como consta na ata de fundação:

> A Igreja Católica Apostólica Brasileira é uma sociedade religiosa, fundada para a propagação do cristianismo em todo o território nacional, que se separa da Igreja Católica Apostólica Romana, pelos erros que ela vem cometendo desde o momento em que saíram das catacumbas, para trocar as belezas dos ensinamentos de Cristo, na sua simplicidade, humildade, pobreza, amor ao próximo, por uma instituição altamente mercantilizada, onde impera a pompa, com prejuízo da verdadeira Cristandade, que se encontra nos humildes, operários, legítimos representantes de Jesus de Nazaré (Costa, 1945, p. 3).

Na mesma ata de fundação, Dom Carlos é nomeado Bispo do Rio de Janeiro da Igreja Católica Apostólica Brasileira. Em 16 de agosto do mesmo ano, Dom Carlos publica o chamado "Manifesto à Nação", considerado uma espécie de documento fundante da nova instituição. Nele, Dom Carlos expõe o que pensa de diversos assuntos políticos, econômicos e teológicos, bem como de algumas formas de organização da Igreja. Entre elas, a defesa absoluta da liberdade civil, política, filosófica e religiosa; a liberdade educacional e científica; a suspensão do celibato eclesiástico; admite o divórcio; rejeita a confissão auricular e permite que seus sacerdotes exerçam uma profissão civil ou militar:

> Separando-me da Igreja Romana, a fim de restabelecer a Igreja de Cristo na sua pureza, corrigindo seus erros, procuro centralizar a figura de Cristo para que todos os cristãos, no verdadeiro Cristo tenham seu modelo e advogado diante de Deus Pai (Costa, 1945b, p. 11).

Dom Carlos veio a falecer no dia 26 de março de 1961, aos 73 anos de idade, na cidade do Rio de Janeiro, onde também foi sepultado. Dessa forma, dirigiu a Icab por 16 anos. No Concílio Nacional da Igreja Católica Apostólica Brasileira realizado em 1970, o fundador foi proclamado santo e canonizado como São Carlos do Brasil.

Em sua forma organizacional, a Igreja Católica Apostólica Brasileira não adota a figura de um bispo como condutor da instituição, mas sim um sistema colegiado de bispos, chamado de Concílio Nacional. Conforme seus estatutos, "o Concílio Nacional é o órgão episcopal legislativo, representativo, deliberativo, diretivo, soberano e máximo da Icab" (Art. 36). Cabe ao Concílio Nacional, entre outras atribuições, a aprovação para as nomeações episcopais. A composição desse colegiado é feita da seguinte maneira: "São membros do Concílio Nacional: I – natos: todos os Bispos Diocesanos, Coadjutores e Auxiliares; II – eleitos: os Sacerdotes e Bispos que sejam Administradores Diocesanos" (Art. 38 § 5º dos Estatutos). As assembleias gerais ordinárias acontecem a cada dois anos. Abaixo da estrutura geral de coordenação (Concílio Nacional), a Icab está estruturada em dioceses, compostas por paróquias. A estrutura ministerial e sacramental é idêntica à da Igreja Católica Apostólica Romana, ou seja, com os três graus de ordenações (diáconos, sacerdotes e bispos) e sete sacramentos.

A Icab se encontra presente em todas as regiões do Brasil e conta com 25 dioceses. Expandiu-se também para outros países, como Argentina, Peru, República Dominicana, México, Estados Unidos e Filipinas; as Filipinas se destacam por terem a maior presença da Icab fora do Brasil.

No que tange à temática do Ecumenismo, Dom Carlos Duarte apoiou em sua Igreja nascente o diálogo com outras confissões cristãs, bem como o diálogo com o espiritismo e as religiões afro-brasileiras – no que foi um precursor sob a óptica do cristianismo. Devido às tensões havidas com a Igreja Católica Romana no período de sua fundação, por muito tempo a Icab manteve um distanciamento e uma posição bastante crítica diante da instituição católico-romana. Passadas mais de sete décadas de sua fundação, há já experiências de aproximação e de diálogo entre as duas instituições.

2.2 O esforço pela unidade na história cristã

Pode-se dizer que as divergências institucionais dentro do cristianismo foram uma constância ao longo da história. Sempre estiveram presentes por diversos motivos e interesses: teológicos, políticos, econômicos, organizacionais, culturais, de costumes, pessoais etc. Nem todas as divergências conduziram a cismas. Os momentos em que os cismas ocorreram e os motivos pelos quais ocorreram são muito bem recordados, sobretudo pelas Igrejas ou pelas instituições que nasceram desses cismas, pois a formação da própria identidade e da diferenciação frente ao outro se apoiam fortemente nesses momentos. Esquecer-se desse momento seria, de certo modo, esquecer-se da razão do nascimento da própria identidade e da independência como instituição.

Por outro lado, não se pode deixar de observar que os esforços pela manutenção da unidade institucional também foram uma constante no cristianismo. Muitos desses esforços foram coroados de êxito – e talvez, por isso mesmo, esquecidos –, ao passo que muitos deles não lograram êxito porque não conseguiram evitar o cisma ou porque não conseguiram uma reconciliação após uma divisão.

Um dos esforços iniciais para preservar a unidade entre os cristãos manifestou-se ainda na época apostólica. Surgiu uma controvérsia acerca da necessidade da circuncisão para os convertidos ao cristianismo que não eram judeus. Paulo enfrentou múltiplas disputas em suas comunidades, defendendo a ideia de que Cristo representa a única figura central em torno da qual se deve manter a unidade:

> Exorto-vos, irmãos, pelo nome de Nosso Senhor Jesus Cristo: Estais de acordo no que falais, e não haja divisões entre vós; antes, sede bem unidos no mesmo pensar e no mesmo sentir. Digo isto, irmãos, porque soube, pelos familiares de Cloé, que há discórdias entre vós. Refiro-me ao fato de cada um de vós dizer: "Eu sou de Paulo", "eu sou de Apolo", "eu de Cefas", "eu de Cristo". Está Cristo dividido? Acaso Paulo foi crucificado por vós, ou fostes batizados em nome de Paulo? (1Cor 1,10-13).

Também no período pós-apostólico houve várias ocasiões de divisões e discórdias no seio do cristianismo. Os concílios da antiguidade (Niceia: 325; Constantinopla: 381; Éfeso: 431 e Calcedônia: 451) foram todos convocados para resolver controvérsias acerca da correta interpretação do ensinamento e significado de Jesus Cristo. Se, por um lado, os concílios representam um esforço de conciliação, de manutenção da unidade, não são infelizmente raros os exemplos de que as decisões conciliares foram intolerantes com a vertente derrotada, a ponto de ocorrer excomunhões, banimentos e, inclusive, condenação à morte.

A Idade Média é em muitos casos exemplo de falta de compreensão e unidade, época de intolerância, de uso da violência por parte da Igreja e de condenações à morte e perseguições. Mas ao mesmo tempo também é a Idade Média que deu ao cristianismo o irmão universal Francisco de Assis, o homem da fraternidade não somente para com pessoas, mas para com toda a criação. Na própria época de Francisco houve um esforço de entendimento da Igreja Romana para com a oriental. Diversas foram as tentativas formais de reunificação entre Ocidente e Oriente. De 1054 (data do cisma) até 1274 houve dez tentativas formais de reunificação do cristianismo (cf. Hortal, 1996, p. 159).

Em 1274, realizou-se o Segundo Concílio de Lião como um esforço de se encontrar um consenso entre ocidentais e orientais, sobretudo no que diz respeito à fórmula do credo em torno do Espírito Santo (a questão do *Filioque*). Chegou-se – no concílio – a um acordo. Os participantes chegaram a um entendimento e elaboraram uma declaração conjunta sobre a procedência do Espírito Santo.[4] Após Miguel VIII Paleólogo, imperador do Oriente, aceitar tal declaração em correspondência ao Papa Gregório X, o pontífice anunciou a retomada da comunhão entre Ocidente e Oriente. A unidade ficou apenas no desejo, esbarrando sobretudo na posição contrária do clero.

Novo grande esforço pela unidade foi feito no século XV. O Concílio de Florença (1439-1445) havia sido mais bem-preparado que Lião e havia maior presença dos orientais. A fórmula comum do Espírito Santo foi corrigida no sentido de ser mais precisa ("O Espírito Santo procede do Pai pelo Filho"). O resultado do concílio foi novamente proclamar a restauração da unidade da Igreja,

---

4. Fórmula comum sobre a procedência do Espírito Santo do Segundo Concílio de Lião: "Com fiel e devota profissão, declaramos que o Espírito Santo procede eternamente do Pai e do Filho, não, porém como de dois princípios, mas como de um só; não por duas espirações, mas por uma só. Isto foi até agora conservado, pregado e ensinado, isto crê firmemente, prega, confessa e ensina a sacrossanta Igreja Romana, mãe e mestra de todos os fiéis. Esta é a imutável verdadeira doutrina dos Padres e Doutores ortodoxos, dos latinos como dos gregos" (Denzinger; Hünermann, 2015, p. 300).

tanto entre gregos e latinos, como também se uniram os armênios, os coptas e etíopes, os sírios, os caldeus e os maronitas de Chipre. Apesar do esforço, não se conseguiu uma unidade de fato. A unidade ficou apenas no desejo. Na verdade, já haviam sido criadas tradições eclesiais muito diferentes no Ocidente e no Oriente, de modo que o ato de reunificação ficou apenas no papel. Sobretudo o clero local e os fiéis das igrejas orientais não aceitaram a unidade com Roma. Para além das diferenças teológicas, os ressentimentos contra o Ocidente eram de tal monta que impediam a unidade planejada e aceita pela liderança eclesial[5]. A história conhece muitas outras tentativas de aproximação e unidade entre o cristianismo ocidental e oriental. Até hoje, salvo algumas exceções, as duas tradições cristãs continuam desunidas.

Na época das divisões surgidas no século XVI, também aconteceram muitos esforços por superá-las. Cite-se, por exemplo o acordo entre católicos e luteranos de 1555, chamado de "Paz de Augsburgo" assinado pelo Imperador Carlos V. Por esse acordo, se conseguiu em parte diminuir as tensões que ocorriam dentro do Sacro Império Romano-Germânico entre adeptos das duas confissões: católica e luterana. Nesse acordo foi seguido basicamente o famoso princípio antigo *cuius regio, eius religio* (conforme o rei, assim a religião) segundo o qual as pessoas deveriam aderir à opção religiosa do príncipe da sua região. Quem não o fizesse, teve um prazo para se mudar a uma região onde o príncipe tivesse sua opção. Esse acordo, que não teve longo vigor especialmente por não ter incluído os anabatistas e os calvinistas, prova o esforço que existiu para se conseguir uma convivência mais pacífica. Da reforma do século XVI não surgiram apenas dois blocos de instituições eclesiais, mas muitos. Por um lado, o bloco romano e por outro os

---

5. "Chegava-se a dizer que era preferível ver reinar sobre Constantinopla o turbante dos turcos do que a mitra dos latinos" (Hortal, 1996, p. 161).

chamados protestantes ou evangélicos (ou também reformados), dentre os quais os principais são os luteranos, os calvinistas e os anglicanos e suas múltiplas ramificações.

Após as divisões institucionais acontecidas no século XVI, ocorreram alguns movimentos de unificação, que não envolveram tanto a Igreja Católica, mas diversos movimentos de unificação do protestantismo, que tinham sobretudo em vista a busca de uma base doutrinária e institucional comum. Estes movimentos não passaram, contudo, de ideias e tentativas isoladas. Um esforço sério de união dos protestantes ficou apenas no desejo ou em iniciativas isoladas. Por outro lado, a Igreja de Roma sempre viu a questão da união como uma questão de "re-união" (reunificação) com a Igreja Romana: ou seja, para esta, a união com os protestantes passa pela "volta destes à mãe Igreja [Romana]". Nos séculos seguintes à Reforma (XVII a XIX), movimentos de reunificação sempre voltavam a ocorrer. Ou seja, o cristianismo ocidental nunca se deu por satisfeito com as divisões. Os movimentos de reunificação eram, entretanto, quase totalmente ignorados pelas respectivas instituições.

Foi apenas no século XIX, depois de já ter havido muitas divisões institucionais no seio do cristianismo, que é acolhida pelas instituições a ideia ecumênica, isso é, a ideia de se trabalhar em conjunto, de procurar cultivar um relacionamento positivo entre as diversas Igrejas, de se poder desenvolver um trabalho intereclesial e conseguir um mínimo de unidade. Essa ideia – que chamamos hoje de ecumenismo – desenvolveu-se no início, como já exposto anteriormente, de forma independente das instituições. Os fiéis cristãos, a partir de sua fé, tomaram a iniciativa de trabalhar a questão da unidade.

Um dos primeiros a expor a ideia de uma reunião de todos os cristãos foi William Carey, um missionário batista inglês que atuava na Índia, que em uma carta de 1806 expôs a um amigo a ideia de, no ano de 1810, fazer uma reunião de todos os cristãos, que deveria ocorrer na Cidade do Cabo (Navarro, 1995, p. 119). Infelizmente a ideia de Carey não se concretizou, mas ela representa um indício da consciência ecumênica.

Ao lado de William Carey, o século XIX e início do século XX conheceu muitos outros incansáveis idealistas de iniciativas cristãs que pudessem ser praticadas por membros de diversas confissões. Entre eles, podemos citar John Mott e Nathan Söderblom. Eles semearam aos poucos suas ideias de trabalho conjunto entre cristãos nas suas áreas de atuação, criando atividades que se podem compreender como fundantes para o movimento ecumênico. Assim, surgem, em três campos distintos, movimentos em que há participação de diversas Igrejas, que podem ser chamados de precursores do ecumenismo: o missionário, o de juventude e o das famílias confessionais. As ações interconfessionais desses três campos impulsionaram muito a criação do Conselho Mundial de Igrejas.

Missionário: Os trabalhos de missionários cristãos nos chamados países de missão haviam se tornado um contratestemunho para a mensagem do Evangelho de amor ao próximo, pois as divergências entre as diversas Igrejas nos países de origem eram também exportadas para os países de missão. Essa questão era visível e grave especialmente nas missões na África e na Ásia. A situação tornava-se aguda de uma forma mais clara na Índia. As diversas Igrejas cristãs que ali missionavam eram tão divididas entre si que a mensagem cristã sofria de credibilidade. Os missionários cristãos ali atuantes anunciavam, por um lado, o Evangelho e o mandamento do amor como mensagem salvadora e, por outro, transmitiam a desconfiança e a malquerença frente aos cristãos de outras confissões. A divisão prejudicava a missão, pois, para os destinatários, isso era um contrassenso: anunciar pretensamente a mesma mensagem da importância do amor a Deus, ao próximo e a si mesmo no seguimento de Jesus Cristo, mas dizer que outros que anunciassem a mesma mensagem eram falsos e enganadores.

Aos poucos surgem movimentos e organizações que tentam superar o problema. A primeira delas é, em 1804, a fundação da *British and Foreign Bible Society* com o objetivo de distribuir Bíblias nos países de missão (inclusive edições católicas). Começam a crescer contatos amigáveis entre os missionários de diferentes confissões nos países de missão, sobretudo entre protestantes e anglicanos. A fundação de Sociedades Missionárias foi um passo nesse contexto. Trata-se de sociedades que têm como finalidade a preparação de missionários a serem enviados a outros países. Membros de diversas denominações participam desses cursos de preparação para missionários. Estas organizações realizaram em 1854, na cidade de Nova Iorque, uma primeira conferência de sociedades missionárias. Outras reuniões se seguiram. Na reunião ocorrida em Londres, no ano de 1878, já se fizeram presentes representantes de 34 sociedades missionárias protestantes e anglicanas. Em 1888, ainda em Londres, já eram 139 as sociedades missionárias presentes.

Nestas reuniões de missionários atuantes em outros países e culturas

> aparece, dentro de suas limitações, um desejo que se manifesta como nunca antes ocorrera: precisa-se de cooperação, da possibilidade de testemunhar unanimemente o mesmo Senhor, de conhecer-se como Igrejas de maneira positiva e de apreciar os valores culturais que se encontram nos locais em que são implantadas Igrejas jovens (Navarro, 1995, p. 123).

Estas reuniões levaram à reunião de Edimburgo (1910), da qual surge o processo que leva à fundação do Conselho Mundial de Igrejas.

Juventude: Um segundo fator a se destacar nesse contexto e que impulsionou o movimento ecumênico incipiente foram movimentos de juventude. No ano de 1844, na Inglaterra, surgiu a primeira *Associação Cristã de Moços* (ACM), seguida pela sua contraparte feminina, a *Associação Cristã de Mulheres Jovens* (ACMJ) – Os nomes e as siglas originais são, respectivamente, *Young Men's Christian Association* (YMCA) e *Young Women's Christian Association* (YWCA). A fundação desses movimentos é, em parte, resultado de o chamado *despertar evangélico* nos Estados Unidos e na Inglaterra. Logo apareceram diversas associações. Trata-se de grupos interconfessionais de jovens com o objetivo de fazer uma experiência interconfessional de Cristo. O movimento se espalha também pelos Estados Unidos, sobretudo entre protestantes e anglicanos. A preocupação inicial desses movimentos não era a questão da aproximação ou do trabalho em conjunto entre as Igrejas, mas sim a missão evangelística entre os jovens. No ano de 1855, foi criada – numa reunião em Paris – a Aliança Mundial das Associações de Moços. Nessa reunião, foi aprovado um documento conhecido como "Base de Paris", que definiu a natureza de tais associações. Seu escopo principal é assim expresso:

> As Associações Cristãs de Moços procuram unir aqueles moços que, considerando Jesus Cristo como seu Deus e Salvador, de acordo com as Sagradas Escrituras, desejam ser seus discípulos na sua doutrina e vida e associar os seus esforços para a extensão do seu reino entre os moços.

Outro movimento surgido com moldes semelhantes foi a Federação Mundial de Estudantes Cristãos no ano de 1898, a qual tinha como foco de atuação o testemunho cristão no mundo estudantil. Esse movimento atingiu e influenciou numerosas universidades e faculdades de teologia norte-americanas e seu líder, John Mott, vai ter forte participação na organização do movimento ecumênico. Essa Federação traz um elemento interessante que é o envolvimento das Igrejas Ortodoxas. A primeira conferência nessa linha ocorreu em Constantinopla no ano de 1911. A partir dali ela se estrutura em muitos países de tradição ortodoxa como Romênia, Bulgária, Sérvia, Grécia. Essa Federação também mantém laços com a organização estudantil católica *Pax Romana*, o que é uma novidade para a época. Mas o trabalho mais profícuo é em colaboração com as ACMs, que, juntas, desenvolvem trabalhos importantes durante as duas guerras mundiais, tais como o acolhimento de refugiados e imigrantes, organizações para estudos bíblicos e para a promoção das mulheres. Um forte elã missionário caracteriza estas associações.

A Igreja Católica mostrou na época em geral grande desconfiança perante estes movimentos, sobretudo as ACMs, acusando-as de proselitismo. Em 1920, o Santo Ofício enviou aos bispos católicos uma carta que pedia que eles alertassem os seus jovens a não participar das ACMs. O movimento das ACMs teve grande sucesso (também no Brasil) e gerou mundo afora estruturas como os albergues da juventude, que persistem até hoje. Mas, como movimento, as ACMs tiveram um declínio a partir da década de 1960.

Famílias confessionais: Um terceiro fator impulsionador do ecumenismo foi o fenômeno da agregação das chamadas famílias confessionais, isto é, a agregação em organismos mundiais das diversas Igrejas nascidas de uma mesma confissão. Quem iniciou esse movimento de agregação foram os Anglicanos. A reunião das Igrejas anglicanas ocorreu em 1867, na Conferência de Lambeth. Havia um temor, por parte de diversas Igrejas anglicanas, de que a Conferência de Lambeth serviria de pretexto para a criação de uma espécie de papado para os anglicanos. O temor era infundado. Por meio de um organismo de união dos anglicanos, a base doutrinária do anglicanismo foi organizada.

Os luteranos começaram o processo de união em 1868, com a criação da Conferência Geral Evangélica Luterana da Europa. As Igrejas luteranas norte-americanas fundaram em 1918 o Conselho Nacional Luterano. Em 1927, estabeleceu-se a Convenção Mundial Luterana, que alterou sua denominação em 1947 para Federação Luterana Mundial, entidade que até hoje mantém firme compromisso com o movimento ecumênico. A Igreja Evangélica de Confissão Luterana do Brasil (IECLB) participa ativamente da Federação.

O processo de união dos reformados ocorreu em 1875 com a criação da Aliança das Igrejas Reformadas (Presbiterianas). Em 1881, estabeleceu-se a Conferência Ecumênica Metodista, que recebeu o nome de Conselho Metodista Mundial a partir de 1951. A União dos Veterocatólicos de Utreque formou-se em 1889. No ano de 1891, fundou-se o Conselho Internacional Congregacional. Em 1905, as Igrejas batistas uniram-se, dando origem à Aliança Batista Mundial.

Percebe-se, pois, que a união das Igrejas de uma mesma família em um organismo mundial foi um verdadeiro fenômeno a atingir quase todas as famílias confessionais na segunda metade do século XIX e início do século XX. Estes organismos de unidade não são superigrejas, nem mecanismos de unificação institucional, mas sim organismos de intercâmbio, de preservação de tradições comuns, de esclarecimento da identidade confessional e de suas práticas comuns. Eles representam um passo importante no processo de unidade entre os cristãos e mesmo que não sejam entendidos como organismos ecumênicos, no sentido estrito do termo, sua atuação se dá no diálogo intraconfessional.

Nesse contexto de movimento de diversas Igrejas que buscam um trabalho ou projetos em comum, há de se citar um caso interessante e talvez único, que é o da Unidade no sul da Índia: um fato importante na busca de unidade entre as Igrejas cristãs ocorreu na Índia com a união institucional de diversas Igrejas do sul do país. Essa união ocorreu em 1947, após longas negociações. Participaram da união os anglicanos, os presbiterianos, os congregacionais e os metodistas. Os luteranos e batistas haviam participado dos diálogos, mas não se uniram institucionalmente. Quatro pontos formam o consenso básico para a união: Sagrada Escritura, credos da Igreja antiga, batismo e santa-ceia, e episcopado histórico.

O Conselho Mundial de Igrejas: Estes elementos acima citados vão caminhar para a fundação do organismo que representa por excelência o esforço estruturado pela unidade dos cristãos: o *Conselho Mundial de Igrejas (CMI)*. O trabalho que resultou no movimento que chamamos hoje de ecumenismo representado pelo CMI teve um marco inicial importante com a reunião de Edimburgo no ano de 1910. Foi uma reunião dos missionários protestantes que perceberam que a transferência das controvérsias cristãs para as terras de missão era num verdadeiro escândalo para os missionados. As reuniões das Sociedades Missionárias ocorridas em diversas ocasiões haviam já mostrado a necessidade de um câmbio nessa situação. Estas reuniões eram, entretanto, esporádicas e feitas a título particular. Os participantes compareciam por interesse pessoal, não como representantes de sua Igreja. Com base na constatação da necessidade de um testemunho comum, mesmo em diferentes instituições, organizou-se a Conferência de Edimburgo. Esta foi longamente planejada e a participação deu-se por delegados enviados pelas diversas Igrejas. As decisões tomadas em Edimburgo não tinham valor jurídico para as Igrejas; criaram, entretanto um compromisso moral. Em virtude dessa reunião, decidiu-se criar um organismo permanente de diálogo: o Conselho Internacional de Missões. Esse foi um primeiro organismo ecumênico permanente, surgido formalmente apenas após a primeira guerra mundial, em 1921. Esse Conselho organizou diversas conferências internacionais ao longo de sua trajetória. Já em 1947, havia movimento para a fundação do Conselho Mundial de Igrejas e discutia-se a integração do Conselho Internacional de Missões a essa nova entidade em gestação. No entanto, nem todas as Igrejas envolvidas no movimento missionário viam com aprovação a associação de todas as Igrejas. Apenas em 1961 o Conselho Internacional de Missões se incorporou plenamente ao Conselho Mundial de Igrejas, tornando-se nele a Comissão de Evangelização e Missão.

A reunião histórica de Edimburgo (1910) não quis explicitamente tratar de questões de doutrina e de interpretação de fé, nem de estruturas eclesiais. Mas houve quem tivesse feito um grande esforço para isso, por entender que o principal problema de desentendimento entre as Igrejas fosse justamente o das diferentes interpretações. Para esse grupo, um consenso nas questões de fé seria um grande avanço para as Igrejas. Após a primeira guerra mundial, o grupo mobilizou-se para incentivar essa discussão. Um comitê organizador percorreu a Europa para convencer as Igrejas da importância de tal intento. Em 1927, aconteceu em Lausana, na Suíça, a primeira reunião do movimento que se chamou "Fé e Constituição" (ou Fé e Ordem). Compareceram 394 indivíduos, membros de 108 Igrejas diferentes, ainda que não como delegados oficiais de suas respectivas instituições. A Igreja Católica, por decisão da Santa Sé, proibiu a participação de qualquer um de seus membros. Os grupos mais significativos presentes eram os anglicanos, ortodoxos e luteranos. Os resultados dessa reunião não foram muito expressivos num primeiro momento. Decidiu-se, no entanto, criar um grupo para dar continuidade aos trabalhos, o qual organizou a 2ª Conferência de Fé e Constituição em Edimburgo na Escócia em 1937. Esta teve um caráter mais amplo que a primeira e os participantes eram representantes oficiais de suas Igrejas. 123 Igrejas enviaram delegações oficialmente. Cinco membros da Igreja Católica Romana participaram, não como delegados, mas como observadores. Nessa conferência, "os temas fundamentais foram a graça, a relação entre Igreja e Palavra e entre ministério e sacramentos, a unidade da Igreja na vida e no culto" (Hortal, 1996, p. 186). O Movimento Fé e

Constituição não se incorporou ao Conselho Mundial de Igrejas assim que o conselho foi criado em 1948. A integração ocorreu durante a Conferência de Lund, na Suécia, em 1952, à qual a Igreja Católica enviou observadores oficiais.

Junto ao movimento ecumênico no campo missionário e no doutrinário, também nascera a preocupação com a necessidade de uma ação comum de Igrejas cristãs, principalmente como promotoras da paz. Em 1914, fundou-se a Aliança Universal para a Amizade entre as Igrejas. A guerra então incipiente adiou os planos de ação desse grupo. Após a guerra, surge no campo da comunhão entre as Igrejas a figura do arcebispo luterano da Suécia, Nathan Söderblom, que foi o impulsionador da "Conferência Cristã pela Paz", realizada nos Países Baixos em 1919. Durante essa conferência, Söderblom lançou a ideia de haver um Conselho Ecumênico das Igrejas cristãs, com o objetivo de ser "a voz da consciência social do mundo". Seis anos mais tarde (1925), nascia o Movimento Vida e Ação. Em sua primeira reunião (em Estocolmo, Suécia), estavam presentes 607 delegados, vindos de 37 países. Pela primeira vez, os ortodoxos se fizeram presentes a uma tal reunião. A Igreja Católica não participou. Temas dessa reunião de Estocolmo eram sobretudo questões práticas como questões sociais, questões morais, de família, juventude, sexualidade, educação, racismo etc. O movimento teve continuidade em diversas conferências. Da reunião do Movimento Vida e Ação realizada em 1937 em Oxford (com 425 participantes) nasceu um primeiro grupo para trabalhar na criação de um Conselho Ecumênico de Igrejas.

A primeira reunião que tinha em vista a fundação do Conselho Mundial de Igrejas ocorreu na cidade de Utreque nos Países Baixos no ano de 1938. Presentes a essa reunião estavam representantes dos organismos ecumênicos já existentes: Vida e Ação, Fé e Constituição, Conselho Internacional de Missões, Aliança

Universal para a Amizade entre as Igrejas, Aliança Mundial das Associações de Moços, Aliança Mundial das Associações Cristãs Femininas e Federação Universal dos Movimentos Estudantis Cristãos. Fixaram-se os pontos básicos para um futuro Conselho Mundial: não a criação de uma superigreja, mas uma associação fraternal de Igrejas. A base teológica para o conselho foi assim definida em sua fundação: "O Conselho Mundial de Igrejas é uma comunhão de Igrejas que aceitam nosso Senhor Jesus Cristo como Deus e Salvador" (Navarro, 1995, p. 135). A irrupção da Segunda Grande Guerra adiou o processo, de modo que a assembleia fundacional pode ocorrer somente em 1948, numa reunião que teve lugar em Amsterdã (Países Baixos). Fizeram-se presentes à assembleia fundacional do Conselho Mundial de Igrejas 351 delegados, representantes de 147 Igrejas, vindos de 44 países diferentes. Como a Igreja Católica não havia atendido a convites anteriores, não foi convidada oficialmente para participar do Conselho. Foram convidados, todavia, alguns teólogos católicos. Em vista disso, o Santo Ofício publicou uma advertência, que proibia a participação de católicos no evento. Apesar da advertência, alguns sacerdotes católicos compareceram à assembleia fundacional e participaram como jornalistas. Os ortodoxos também não estavam muito representados. Isso se deve ao contexto da guerra fria vivida na época. Os países do leste europeu coibiram a participação de membros daquelas Igrejas.

Em sua fundação, os objetivos e as atribuições do Conselho ficaram assim definidos:

> a) Dar continuidade ao trabalho desenvolvido pelos dois movimentos mundiais "Fé e Ordem" e "Vida e Trabalho".
> b) Criar facilidades para a ação comum das Igrejas.
> c) Promover o estudo em comum.
> d) Desenvolver a consciência ecumênica dos fiéis de todas as Igrejas.

e) Estabelecer relações com as alianças confessionais de caráter mundial e com os demais movimentos ecumênicos.

f) Convocar, quando as circunstâncias o exigirem, conferências mundiais que estarão autorizadas a publicar suas próprias conclusões.

g) Sustentar as Igrejas em seus esforços de evangelização (Teixeira; Dias, 2008, p. 36-37).

Desde o início ficou definido que o CMI faria uma assembleia geral a cada sete ou oito anos. Na assembleia de 1961, em Nova Déli, quatro Igrejas ortodoxas aderiram ao CMI (russa, búlgara, romena e polonesa). A Igreja Católica mandou, pela primeira vez, cinco "observadores oficiais". Nessa assembleia, foi aprovada uma nova base constitutiva do CMI:

> O Conselho Mundial de Igrejas é uma associação fraterna de Igrejas, que confessam o Senhor Jesus Cristo como Deus e Salvador, segundo as Escrituras, e que se esforçam para responder conjuntamente a sua vocação comum, para a glória do único Deus, Pai, Filho e Espírito Santo (Navarro, 1995, p. 135).

Desde o início da reflexão sobre a possibilidade da criação de um Conselho Mundial de Igrejas, um grupo de Igrejas conservadoras iniciou um movimento de oposição a essa tendência ecumênica, o qual criou, em 1948, um organismo, o Conselho Internacional de Igrejas Cristãs. Trata-se de um movimento que rejeita qualquer colaboração com a Igreja Católica e é contrário à orientação social do CMI.

3
Se o Senhor não construir a casa, em vão trabalham os que a constroem: o espírito do ecumenismo

O movimento ecumênico é muito amplo e muitos são os interesses que o podem mover: o de entendimento entre os povos; o de entendimento entre as Igrejas cristãs; o de construir serviços juntos; o de dar um testemunho comum; o de possibilitar um âmbito de bom relacionamento e de solução para questões que dizem respeito comum; o de conseguir uma unidade de ação ou até uma unidade institucional; o de oferecer uma instância oficial de diálogo, de negociação, que promova cooperação e acordos; o de possibilitar uma ação conjunta na base em favor de um bem comum; o de promover um diálogo cultural entre os diversos povos em que o cristianismo esteja presente; o de promover a paz e a justiça em nome do cristianismo etc.

Todos esses motivos são bons e são motivos em nome dos quais se pode construir um diálogo ecumênico. Antes de buscar um motivo ou âmbito de ação concreta em que o diálogo deve finalmente acontecer, deve-se pensar em sua sustentação teológica, isto é, naquilo que faz com que o diálogo ecumênico seja diferente de um diálogo entre partidos políticos ou sindicalistas e que tenha uma profundidade que vai além do interesse imediato das instituições e pessoas nele envolvidos. Dito de uma forma mais direta, faz-se necessário pensar a base de fé e a base teológica na qual o diálogo ecumênico possa ser ancorado com segurança e a partir da qual ele é sempre de novo impulsionado.

Um diálogo ecumênico deve ter por motivação básica a própria fé, ou seja, a convicção de que a ação do diálogo com membros de outras Igrejas é um ato de fé. É em nome de sua fé e por causa dela que os cristãos devem buscar o diálogo. Essa fé é concretamente a fé em Jesus Cristo. A fé em Jesus Cristo – o ponto no qual todos os cristãos estão unidos – é a base comum em que jaz o entendimento e em que deve ser buscado o diálogo.

Ao dizermos que o diálogo ecumênico deve estar ancorado na fé em Jesus Cristo, queremos apontar para o fato de o diálogo ecumênico não ser em primeiro lugar uma *questão técnica*, de diplomacia; um acréscimo forçado às coisas da fé. O motor de ecumenismo não é a questão técnica do *como* fazer o diálogo, ainda que se reconheça que isso é de extrema importância. O motor impulsionador da vontade ecumênica deve ser o *por que* fazer esse diálogo: a espiritualidade, a atitude própria de quem crê e por causa da fé se coloca nesse movimento de diálogo. É o Espírito do Senhor que inspira o diálogo, é ele a causa primeira. O próprio Concílio Vaticano II já reconhecia isso ao afirmar que

> por obra do Espírito Santo, surgiu, entre nossos irmãos separados, um movimento sempre mais amplo para restaurar a unidade de todos os cristãos. O movimento de unidade é chamado movimento ecumênico (*Unitatis Redintegratio*, n. 1).

O Concílio Vaticano II, ao afirmar que o movimento ecumênico é obra do Espírito Santo, o coloca para os cristãos em outro nível. Ir contra o movimento ecumênico não é mais então uma questão de gosto pessoal. Trata-se de não perceber a ação do Espírito e quiçá até impedi-la. O Espírito do Senhor não é apenas o originador do ecumenismo, mas também seu condutor, o seu possibilitador permanente. Aqui se pode aludir à máxima bíblica do salmista: "Se o Senhor não construir a casa, em vão trabalham os seus construtores" (Sl 127,1). O desafio está aqui em se deixar guiar pelo Espírito Santo.

A partir da ação do Espírito, o diálogo que busca a unidade entre os cristãos, o Espírito que busca a reconciliação não é isolado. A reconciliação entre cristãos é também parte e tem sua fundação última na reconciliação entre Deus e o mundo, na reconciliação escatológica que não conhece mais divisões, em que Deus será tudo em todos; ou seja, a perfeição divina preencherá tudo e não mais há espaço para divisões.

Pensar e tratar de ecumenismo não é tão somente historiar passos de trajetórias divergentes e – especialmente – convergentes dentro da tradição cristã. É também apontar para as bases teológicas que alimentam os ideais pela busca de unidade e convivência entre cristãos. Este capítulo se propõe, pois, a apontar elementos do que se pode chamar de espírito ecumênico, isto é, qual o espírito cristão que permeia, alimenta e impulsiona a busca cristã comum.

3.1 O Deus uno e trino: unidade e comunidade

A própria forma como os cristãos creem em Deus é muito inspiradora para o espírito ecumênico: o Deus uno e trino. Deus é unidade perfeita em três pessoas[6]. A cada pessoa da Trindade é atribuído algo diferente da outra. Ao Pai, a criação, ao Filho, a salvação e ao Espírito Santo, a santificação. Tendo suas propriedades, as pessoas da Santíssima Trindade são essencialmente unidade. Nessa compreensão de Deus há a unidade e há diversidade, sem contradição e sem que uma impeça a outra.

---

6. Essa fórmula da Trindade não é aceita por todas as denominações cristãs, mas por sua grande maioria.

Essa forma de compreender Deus pode ajudar a pensar, com base na fé, o Ecumenismo: a conciliação de unidade e diversidade. Com isso, não se está forçando uma compreensão estranha, nem usando indevidamente a compreensão teológica a respeito de Deus. É o próprio Jesus que o aponta ao dizer: "Que todos sejam um como tu, Pai, estás em mim e eu em ti, para que eles estejam em nós e o mundo creia que tu me enviaste" (Jo 17,21) ou na outra passagem em que afirma: "Eu e o Pai somos um" (Jo 10,30). É essa unidade entre o Pai e o Filho que inspira a unidade entre cristãos. Mais do que isso, a teologia, ao pensar a unidade da Trindade, perguntou-se o que une as três pessoas num só Deus. O grande filósofo da Idade Média, Santo Tomás de Aquino diz que "há uma dupla unidade no Pai e no Filho, de essência e de amor e consonante as duas, o Pai está no Filho e o Filho no Pai". E Leonardo Boff continua: "O amor é a forma mais alta de união. Ele faz com que as diferentes Pessoas sejam uma união de vida, de mútua entrega e de comunhão… Deus é amor e comunhão dos divinos Três. Deus é Três Únicos em comunhão de amor. Esta comunhão de amor faz que eles sejam um só Deus" (Boff, 1987, p. 182).

Essa forma de compreensão de Deus, uma unidade da Trindade no amor, inspira os cristãos a buscar a unidade no ecumenismo: por meio dos laços do amor, isto é, da benquerença mútua, dos mesmos interesses, do mesmo sentimento. O amor é o princípio de unidade: em Deus, entre Deus e a criação, entre os seres humanos. Marcelo Barros afirma:

> O sonho de Deus é a unidade, porque o próprio Deus se revelou como amor (princípio de unidade). Dando-nos a unidade, Ele se dá a nós. Como Pai e Mãe de ternura, Deus é comunhão. "Quem vive no amor vive com Deus, em Deus e Deus mora com ele ou ela" (1Jo 4,16) (Barros, 1996, p. 21-22).

O acontecimento da unidade ecumênica com o amor é o próprio Deus que acontece na manifestação.

Assim a unidade de Deus é mais do que uma inspiração para o movimento de comunhão dos que creem no Cristo. Onde a unidade e a comunhão entre cristãos acontecem, ainda que em pequenos gestos e em pequenas proporções, aí se pode ver a presença de Deus, aí se pode ver o ser Espírito tomar lugar em meio aos crentes, aí há não apenas unidade entre pessoas, mas das pessoas com o próprio Deus.

3.2 Inspirações bíblicas para a unidade

Entender a unidade como sinal da manifestação de Deus faz parte da tradição de fé judaico-cristã, desde os pais e mães da fé, o povo de Israel. Foi a Bíblia que conservou o testemunho do Deus da unidade de um modo todo especial. Como dar à Bíblia seu lugar importante no processo de busca por uma maior comunhão entre os cristãos? Aqui, há de se considerar alguns elementos que causam dificuldades, como ressaltar outros que possam ser impulsionadores.

A Bíblia tem sido um fator de divergência entre as diversas confissões cristãs. Não se pode fugir dessa realidade ao pensar a Bíblia no contexto ecumênico. Essa divergência refere-se sobretudo a dois aspectos: a interpretação e o número de livros ou textos considerados canônicos. A questão da divergência de interpretação é, por um lado, mais complexa, mas, por outro, mais fácil de contornar pelo fato de que mesmo dentro de uma mesma confissão há interpretações divergentes. A diferença de interpretação é, pois, geralmente aceita como natural, muito embora exista uma certa predominância no estilo de interpretação em cada tradição eclesial. Um elemento nessa temática da interpretação causou historicamente uma grande dificuldade de relacionamento entre a tradição católica e as tradições nascidas da Reforma, que é a relação entre Sagrada Escritura e Tradição como elementos vinculantes para a interpretação da fé. Com base no Concílio de Trento, a Igreja Católica Romana entenderá que a Tradição (através do magistério oficial), ao lado da Sagrada Escritura, é vinculante para a correta compreensão da fé. A tradição da Reforma entenderá que somente a Sagrada Escritura tem essa autoridade de fé (*sola scriptura*). Essa interpretação diversa da fonte vinculante para a correta compreensão da fé foi elemento de divergência durante séculos nas relações destas Igrejas envolvidas. Na década de 1960, entretanto, se tentou lado a lado uma interpretação que pudesse aproximar as posições. Assim, na conferência mundial do grupo *Fé e Constituição* (do CMI) de 1963, fez-se uma interessante distinção entre Tradição, tradição e tradições:

> Entendemos por Tradição [com letra maiúscula] o próprio Evangelho, transmitido de geração a geração na Igreja e pela Igreja, estando o próprio Cristo presente na vida da Igreja. Entendemos por tradição [com letra minúscula], o processo da transmissão. O termo tradições, no plural, é usado em dois sentidos, e indica seja a diversidade de formas de expressão, seja o que nós chamamos de tradições confessionais (*apud* Vercruysse, 1998, p. 135-136).

No âmbito da Igreja Católica, constará no documento do Vaticano II, *Dei Verbum (9)*, a seguinte afirmação: "A Sagrada Tradição e a Sagrada Escritura estão, portanto, entre si estreitamente unidas e comunicantes. Pois promanam ambas da mesma fonte divina, formam de certo modo um só todo e tendem para o mesmo fim". Embora estas afirmações de lado a lado não sejam idênticas, elas aproximam os conceitos de Sagrada Escritura e Tradição, não mais a entendendo como elementos separados em si.

Já a diferença de livros (textos considerados canônicos) é uma divergência mais difícil de ser contornada, especialmente no nível popular em que cada lado acusa o outro de ter uma *Bíblia falsificada*. Somente um esclarecimento da origem das diferenças do cânone pode trazer clareza nessa divergência, pois os critérios pelos quais foram historicamente escolhidos os livros que fazem parte da lista canônica são anteriores à divisão eclesial e não estão com eles ligados.

Apesar de se ter presente o fato de que a Bíblia é muitas vezes um fator de divergência entre os cristãos das diversas tradições, ela tem muitos elementos importantes para a questão ecumênica. O próprio livro já tem de per si um valor todo especial para o ecumenismo. Vejamos alguns desses valores, antes de apontarmos para conteúdos bíblicos que possam ser importantes para a teologia e a espiritualidade ecumênica:

1º Bíblia: o próprio nome indica unidade e diversidade. A palavra bíblia é uma palavra plural: é proveniente do grego *tá bíblia*, que significa *os livros*. Ou seja, a pluralidade está já na constituição do próprio termo. E o termo plural é muito exato, pois a própria constituição da Bíblia é um trabalho de unidade de uma enorme diversidade: diversidade de textos, de gêneros literários – gênero histórico, sapiencial, profético, apocalíptico, devocional, epistolar etc. –, de tempos diferentes de composição, de mentalidades diferentes, de diferentes línguas (hebraico, aramaico e grego), de diferentes correntes religiosas e políticas etc.

2º A coleção de livros que compõe a Bíblia é, em sua grande maioria, um ponto de unidade para os cristãos, pois é por todos aceita como palavra de Deus[7]. Todos os cristãos dão à Bíblia um lugar essencial de autoridade sob a óptica da fonte para a fé.

3º Ligado à autoridade da Bíblia sob a óptica da fé para todos os cristãos, está o fato de a Bíblia ser para todos os cristãos um livro inspirado, entendido como palavra de Deus para a humanidade.

---

7. As Igrejas nascidas da Reforma não consideram como parte integrante da Bíblia os livros chamados "deuterocanônicos": Tobias, Judite, Sabedoria, Eclesiástico, Baruc, 1 e 2 Macabeus e parte do Livro de Daniel (3,24-90; caps 13; 14).

Ainda que haja diversas chaves e tradições de leitura e interpretação da Bíblia, para todos ela é "A Bíblia".

Não é apenas a Bíblia "olhada de fora" (como livro, como conjunto ou como um todo) que é uma inspiração e um marco importante para o ecumenismo. Também de seu conteúdo se pode tirar inspirações que ajudam a caminhada ecumênica.

a) Antigo Testamento

Um desses pontos presentes em toda a Bíblia é a apresentação de Deus como o Deus da Aliança. Deus faz aliança com a humanidade (Noé), Deus faz aliança com um povo (o povo de Israel, no Sinai). As alianças feitas por Deus são para o bem, são para a salvação, para que aconteça a justiça:

> Na Bíblia, se vê que a linha que percorre toda a revelação de Deus, no Antigo e no Novo Testamento, é o projeto que Deus tem: fazer uma aliança de amor com a humanidade. Por esta aliança, o mundo se torna um lugar de fraternidade, e a humanidade, um único povo, formado de diversos povos e culturas, mas reunidos no mesmo amor de irmãos (Barros, 1996, p. 41).

A própria fundação do povo de Israel é o resultado de uma aliança entre diversos grupos, diversos clãs, entre diversos povos, inclusive com concepções diferentes de Deus. Na origem de Israel, estão tribos de hebreus. Os hebreus não eram necessariamente um único povo. O nome significa, segundo diversos estudiosos, "gente sem pátria", "pessoas sem-terra". Tratava-se especialmente de três tipos de grupos. Um grupo vivia no país de Canaã e participava da vida dos cananeus. Tanto se colocavam como seus empregados (trabalhadores volantes), como também participavam de sua vida religiosa, cujo centro encontrava-se na cidade de Siquém, no alto da montanha, onde os cananeus cultuavam o Deus *El Berith* (o Deus das Alianças). Dentre estas tribos, havia outro grupo, das que tinham vivido nos entornos do deserto, e um terceiro grupo de pessoas que eram advindas do Egito, de onde haviam fugido da escravidão do Faraó. Estas pessoas advindas do Egito traziam consigo a fé num Deus que inspirara o líder Moisés – segundo a tradição – a organizar a fuga, num Deus que propiciara a libertação. Esse culto não era, entretanto, de origem egípcia, mas provavelmente madianita. As tribos originárias do entorno do deserto tinham em sua tradição a adoração de um Deus que era cultuado no Monte Sinai e que selara, com o povo, uma aliança que prometia a eles descendência, terra e liberdade. Tribos que habitavam no meio dos cananeus ou nas cercanias do deserto narravam a história de seu antepassado Abraão, a quem Deus retirara de sua terra, ordenara que viesse a essa região e prometera terra e descendência.

Estes tipos diferentes de grupos uniram-se aos poucos para conseguir se estabelecer numa terra e, com essa união, formaram um único povo, com o nome de Israel. A base de fé dessa união de diversas origens é o Deus das alianças, que prometera em todas as tradições terra e liberdade (autonomia). O texto bíblico mostra que são diversos os nomes que se usa para o próprio Deus: em algumas tradições, fala-se em *El Sebbaot* (o Deus dos exércitos); em outras, *El Shaddai* (o Deus dos lugares altos); em outras, *El Berith* (o Deus das alianças); em outras ainda, *Elohim* (o Deus dos Deuses). Os grupos advindos do deserto adoravam o Senhor (*Adonai*), cujo nome não se pronunciava (*YHWH* = Javé). Também as formas de se prestar culto eram bastante diversas. A Bíblia descreve formas de rituais como o sacrifício de animais e o derramamento de sangue em honra ao Deus; descreve oferendas de frutos da terra (frutas e cereais); descreve o costume de se fazer um amontoado de pedras e se adorar a Deus; narra o costume de se cultuar a divindade no alto da montanha; descreve um outro costume de se cortar animais ao meio e se passar por entre os pedaços pronunciado juramentos (Gn 15,8-12). O livro bíblico dos Salmos é uma coletânea de orações que surge do contexto ritual. E ele, ao recolher as orações do povo, é bastante inclusivo, pois há Salmos de origem cananeia (exemplos: Sl 19 e Sl 29) e de origem egípcia (Sl 104). Nisto, fica claro que, inclusive na piedade desse povo (as orações), se conservava a diversidade da qual ele se originara.

A formação do povo de Israel é – como foi descrito acima em poucas palavras – um grande processo de unificação, um processo verdadeiramente inter-religioso, no qual estavam presentes muitos elementos de origens diferentes, mas que resultou em uma unidade. Nessa unidade, muitos elementos foram incorporados e muitos outros foram rejeitados. Na Bíblia, se pode ler passagens que deixam claro que elementos religiosos diversos foram integrados no processo de formação do povo. Assim, a serpente de bronze – que era um símbolo de uma divindade cananeia – foi aceita como símbolo do Deus que cura (Nm 21), ao passo que o bezerro de ouro não foi aceito, ainda que o próprio povo o tenha feito. Como o bezerro de ouro, muitos outros deuses de povos vizinhos também foram rejeitados, como Baal, Moloque, as divindades do Egito e da Babilônia. O critério para aceitação dos elementos parece ter sido a participação do respectivo povo (grupo e sua fé) no processo de conseguir terra para se estabelecer.

Hoje, talvez se tenha a impressão, ao se falar do povo de Israel do Antigo Testamento, de que se tratava desde o início de uma unidade social e religiosa fechada e coesa. Na verdade, essa unidade foi construída com o tempo e surgiu sobretudo com base na fé, cada vez mais comum, num Deus das promessas (terra e descendência), que fizera uma aliança com estas tribos.

b) Novo Testamento

Aos cristãos que estudam a Bíblia sob a perspectiva ecumênica, o Novo Testamento revela-se como um sinal preponderante de unidade. No Novo Testamento, mormente em determinadas expressões de Jesus, encontra o movimento ecumênico seu sustentáculo. Palavras como as de Jesus em João 10 (O bom Pastor), especialmente no versículo 16 "Possuo ainda outras ovelhas que não são deste aprisco. É preciso que as traga e elas ouvirão minha voz e haverá um só rebanho e um só pastor" ou da Oração da Unidade de Jo 17,22: "Dei-lhes a glória que tu me deste, a fim de que sejam um como nós somos um".

Ademais das palavras de Jesus acerca da unidade, o próprio Jesus Cristo constitui o eixo e o fundamento da unidade ecumênica. A crença em Jesus Cristo representa o laço que une todos os cristãos, das mais diversas confissões. Pela causa de Jesus Cristo, a união entre todos os cristãos se manifesta, queiram ou não. E, uma vez que Jesus Cristo é o fulcro da fé, afirma-se com convicção: todas as confissões cristãs compõem, antes de tudo, uma Unidade. O que têm de mais relevante para a fé, o fundamento de sua própria existência, é singular e uno: Jesus Cristo.

Diferentemente do Antigo Testamento, que mostra como a unidade emergiu da diversidade, o Novo Testamento revela que a diversidade das Igrejas surgiu da unidade, a saber, de Jesus Cristo. Embora a unidade em Jesus Cristo seja o ponto de partida, os textos mais antigos do Novo Testamento, como as epístolas de Paulo, evidenciam uma profunda preocupação com a unidade na comunidade cristã. Uma das dificuldades para essa unidade era a discrepância entre cristãos de origem grega e aqueles de origem judaica. Paulo enfrentava ainda a divisão provocada pela classe social dos fiéis. Tensões existiam entre escravos, ex-escravos, pobres e ricos; todavia, todos eram cristãos e integrantes da mesma comunidade.

O lugar em que fica mais claro o problema da unidade é na comunidade de Corinto. Paulo inicia a sua primeira carta à comunidade já pelo tratamento do problema da divisão que há na comunidade (1Cor 1,10) e, ao mesmo tempo, já aponta para o cerne que está acima de qualquer divisão: "Porventura estaria Cristo dividido?" (1Cor 1,13). Nessa mesma carta, Paulo detalha, a partir do capítulo 12, como ele vê a questão da unidade e da diversidade. O ponto de vista de Paulo é o seguinte: tanto a unidade quanto a diversidade têm lugar e ambas são originárias de Deus. O que une a todos é a mesma fé; onde há diversidade, é o Espírito de Deus que a proporciona. Algumas afirmações de Paulo que deixam perceber sua posição em favor da unidade e da diversidade: "Há diversidade de dons, mas um mesmo é o Espírito" (1Cor 12,4);

> Porque, assim como o corpo, sendo um só, tem muitos membros e todos os membros do corpo, sendo muitos, são um só corpo, assim também é Cristo. Pois num só Espírito todos nós fomos batizados para sermos um só corpo e todos, quer judeus, quer gregos, quer escravos, quer livres, bebemos do mesmo Espírito. Porque o corpo não é um só membro, mas muitos (1Cor 12,12-14);

"Ora, vós sois o corpo de Cristo e cada um como parte é membro" (1Cor 12,27). Em 1Cor 13, chamado de "Hino ao Amor (à Caridade)", Paulo afirma que é a virtude que deve estar acima de tudo, que deve ser o elo a unir a diversidade. Como exposto anteriormente, ao tratar da união do Deus trino, que é o amor que dá, segundo a interpretação de muitos teólogos, a unidade das três pessoas, assim também Paulo afirma ser o amor como o elo a unir a comunidade. No capítulo 14, Paulo encerra a questão da diversidade ao dizer que a diversidade (línguas, profecias) deve servir ao bem comum, e o conclui dizendo: "Porquanto Deus não é Deus da confusão, mas da paz" (1Cor 14,33).

Júlio H. de Santa Ana (1987, p. 183-202) faz uma interessante divisão em quatro tipos de problemas de unidade que Paulo encontra e enfrenta: a) a convivência difícil entre os cristãos que consideravam o cristianismo uma extensão do judaísmo, exigindo que os gentios se convertessem ao judaísmo para aderir à nova fé (os chamados judaizantes), e os que viam o cristianismo como um modo de vida independente do judaísmo (posição defendida por Paulo); b) as tensões oriundas dos personalismos e dos conflitos sociais, que levaram à formação de grupos partidários na comunidade de Corinto, por exemplo, com declarações partidárias do tipo "eu sou de Paulo, eu sou de Apolo", ou os problemas nas ceias da mesma comunidade, nas quais alguns mais favorecidos recusavam-se a compartilhar refeições com os menos favorecidos, conforme exemplifica 1Cor 11,22; c) o terceiro desafio deriva da estrutura social circundante e de sua divisão entre escravos e livres, tal como no Império Romano, o que se evidencia no caso de Onésimo, escravo de Filêmon, a quem Paulo exorta a receber Onésimo, agora convertido ao cristianismo, "já não mais como escravo, mas bem mais do que escravo, como irmão caríssimo meu e sobretudo teu, seja como pessoa, seja como irmão no Senhor" (Fm 16); d) E, por último, o esforço de Paulo em congregar na unidade da fé as diferenças concretas. Que estas não sejam motivo de divisão, pois acima de tudo está algo que unifica:

> Esforçai-vos para conservar a unidade do espírito pelo vínculo da paz. Sede um só corpo e um só espírito, assim como fostes chamados por vossa vocação, para uma só esperança. Há um só Senhor, uma só fé, um só batismo. Há um só Deus e Pai de todos, que está acima de todos, que age por meio de todos e em todos (Ef 4,3-6).

Se as cartas de Paulo deixam claro em diversas passagens as dificuldades com a unidade na comunidade, no texto do Evangelho vai se mostrar um elemento dificultador de outro nível: a ambição pessoal.

> Chegaram a Cafarnaum. Em casa, Jesus lhe perguntou: "O que era que discutíeis pelo caminho?" Eles se calaram, porque no caminho tinham discutido quem seria o maior. Então Jesus sentou-se, chamou os Doze

e lhes disse: "Se alguém quer ser o primeiro, seja o último e o servo de todos" (Mc 9,33-35).

Esse texto ocorre nos três sinóticos, mostrando que a dificuldade de convivência entre os discípulos por divergências pessoais remonta ao próprio grupo dos apóstolos.

3.3 Teologia ecumênica: convivência cristã e fé cristã

A questão da unidade entre os cristãos, surgida ao fim do século XIX, coloca o desafio de desenvolver uma teologia que englobe e examine essa matéria. De outra forma, como fundamentar essa questão da coexistência entre os cristãos no entendimento da fé cristã? O questionamento que o movimento ecumênico provoca deve-se avaliar com base na fé, para que o ecumenismo não se apresente como uma atividade meramente técnica, uma negociação ou uma série de acordos entre comunidades cristãs, mas como algo essencial à própria fé. Destaca-se como ponto fundamental, ao ponderar a teologia ecumênica, que o ecumenismo está intimamente relacionado ao entendimento da fé cristã. Deve surgir da fé e manifestar-se como um exercício dessa fé. E mais, deve vincular-se diretamente à essência da mensagem de Jesus Cristo, à norma do amor a Deus e ao próximo como a si próprio, característica definidora do cristianismo: "Todos saberão que sois meus discípulos, se vos amardes uns aos outros" (Jo 13,35). Outro ponto fundamental é que é imperativo indagar quais são as implicações que a consciência ecumênica apresenta para a teologia cristã.

Três aspectos se destacam ao se pensar uma teologia ecumênica. Embora já mencionados nesse texto, a perspectiva atual demanda nova análise.

O *primeiro aspecto* diz respeito à pergunta pela questão fundamental do ecumenismo: o que faz surgir o ecumenismo? É a pergunta pelo discipulado. É com base na consciência das implicâncias que existem para alguém ou alguma instituição se considerar no seguimento de Jesus Cristo que nasce o problema ecumênico: a forma como aqueles e aquelas (pessoas e instituições) que se entendem como seguidores de Jesus estão convivendo com outros cristãos, de outras instituições, que igualmente se entendem como seguidores de Jesus. O primeiro aspecto diz, pois, respeito claramente ao "com base em que" nasce a identidade discipular cristã. Interessante aqui é voltar no próprio tempo e perceber que o discipulado e a eclesialidade nascem daqueles e daquelas que se consideram "testemunhas do ressuscitado" e pretendem viver com base em seus ensinamentos. Como afirma o Apóstolo Pedro, no contexto da escolha para o sucessor de Judas: "Convém, pois, que destes homens que têm estado em nossa companhia todo o tempo em que o Senhor Jesus viveu conosco, a começar do batismo de João até o dia em que foi elevado ao alto, um deles seja testemunha conosco de sua ressurreição" (At 1,21-22). Tanto o cristianismo como organização, bem como o cristianismo considerado individualmente (a identidade de fé cristã pessoal), encontram sua razão de ser no seguimento de Jesus, no discipulado (testemunhar, tornar palpável a presença do ressuscitado). O cristianismo e a fé de cada cristão perdem a razão de ser se não estiverem umbilicalmente ligados à vivência da mensagem de Jesus Cristo. Dali elas retiram constantemente na história a sua fundamentação. A teologia ecumênica retoma, pois este princípio básico: ser cristão é fundamentalmente seguir Jesus Cristo. É no discipulado que se fundamenta o ser cristão. E essa identidade cristã está ligada ao testemunho da presença de Jesus Cristo ressuscitado e à vivência de sua proposta de amor ao próximo (amar a Deus e ao próximo como a si mesmo), de serviço mútuo (o maior é o que serve), de cuidado uns para com os outros (estive com fome e me destes de comer, estive com sede e me destes de beber). E o que leva ao ecumenismo é primeiramente a pergunta pelo discipulado, e não a pergunta pela pertença a alguma tradição eclesial. Ser discípulo de Jesus Cristo é o elemento comum, a base na qual os cristãos estão unidos, por identidade de fé. A unidade entre os cristãos não é, dessa forma, um elemento a ser acrescido posteriormente, um elemento do qual os cristãos precisam ser convencidos para provocar a adesão. A unidade de proposta de vida para os cristãos é já algo em comum, embora possa faltar uma consciência mais clara a respeito.

Se o cristianismo nasce historicamente por conta do discipulado, ele se manteve e se organizou na história de formas diversas, acumulando compreensões e experiências localizadas no tempo e no espaço. Este é um *segundo aspecto* da teologia ecumênica: ela não pode olvidar essa realidade histórica do cristianismo. O cristianismo construiu ao longo do tempo maneiras diversas tanto de vivência (de costumes), como de reflexão sobre essa vivência cristã (de teologia). Essa realidade atual de diversidade cristã é outro elemento importante a ser considerado na teologia ecumênica. A diversidade teológica, e sobretudo eclesial, não pode ser tomada como um empecilho, mas sim como um ponto de partida da teologia ecumênica. Acolher e se mover nessa multiplicidade deve ser o cotidiano da reflexão ecumênica e não uma situação de exceção. E isso permanentemente. Ou seja, a pluralidade teológica é algo a ser levado em consideração como estrutural, e não periférico.

Em outras palavras, dizer o que se disse no parágrafo anterior é dizer indiretamente que a teologia ecumênica acontece no intercâmbio da diversidade, na interteologia. Não se pode reduzir a teologia ecumênica a um tratado ou a uma disciplina dentro da teologia, para a qual se deslocariam todas as questões de diferenças de pensamento que há nas tradições de reflexão cristã, e na qual, então, se olhará estas diferenças a partir do ponto de vista ecumênico. E isso levaria, então, à criação de uma teologia do ecumenismo, o que já seria um avanço importante. Mas, para além disso, o que se quer apontar aqui é a necessidade de uma teologia ecumênica, isto é, uma reflexão que se faça em todos os campos da teologia segundo o critério "acolhimento da diversidade": em vez de aniquilar as identidades próprias da reflexão das diversas tradições, acolher a riqueza que pode significar e significa deixar-se fecundar pelo modo de pensar de outras tradições. E esse é o *terceiro aspecto* para o qual se quer chamar a atenção aqui. Nessa linha, algumas áreas da teologia podem ser profundamente atingidas. Um exemplo claro é a eclesiologia, da qual já se falou: a necessidade de tratar de eclesiologias (no plural), pois a tradição cristã elaborou uma gama muito grande de compreensões da eclesialidade; toda a área de estudos bíblicos tem também uma riqueza de tradições a ser aqui considerada. Dentro das diversas tradições eclesiais, se formaram também tradições celebrativas diversas (diversidade litúrgica), bem como diferenças no que tange à organização institucional e à compreensão sacramental. Essa é uma outra área em que a teologia ecumênica se move e aparece o seu lugar específico. E isso inclusive de um modo muito especial, pois a prática e a compreensão sacramental diversa dentro do cristianismo estão não apenas na reflexão, mas na vida pastoral concreta em que os fiéis de diversas tradições podem participar em comum de sacramentos ou de rituais (exemplos típicos são o matrimônio, o batismo, a ceia eucarística etc.). Com estes poucos exemplos, fica clara a necessidade de a própria teologia ser ecumênica em vez de meramente se criar uma teologia do ecumenismo.

Um dos campos em que talvez a reflexão ecumênica encontrou diversas resistências, mas também se pode apontar algum avanço é na ideia de verdade religiosa definida pelas diferentes tradições cristãs. Em algumas, isso é feito mais na linha da definição dogmática – como é o caso da tradição cristã católico-romana –; em outras, se trata mais de diretivas de bases como fonte de fé – como o caso das Escrituras para a tradição luterana –; em outras ainda, há uma declaração de artigos de fé, com base na qual a respectiva tradição se fundamenta na compreensão de verdade de fé – como é o caso das tradições anglicanas e metodistas. Em maior ou menor grau, há nisso uma certa compreensão de definição de verdade ou pelo menos de critério para a verdade. E estas definições ou critérios são muito caros para a respectiva tradição e para a sua identidade eclesial.

Nesse particular, em virtude do Concílio Vaticano II, ganhou cidadania na teologia ecumênica católica uma expressão importante: a hierarquia de verdades. O texto conciliar que trata do ecumenismo afirma que "comparando as doutrinas, lembrem-se de que existe uma ordem ou 'hierarquia' de verdades na doutrina católica, já que o nexo delas com o fundamento da fé cristã é diverso" (UR 11). Essa compreensão teológica católica, que foi também acolhida e debatida em conjunto com o Conselho Mundial de Igrejas em 1990, põe uma interessante possibilidade de reflexão no contexto ecumênico naquilo que diz respeito à compreensão de verdade. Não se trata de dizer que há verdades mais verdadeiras e verdades menos verdadeiras, mas sim de fazer uma hierarquia delas conforme a sua ligação com o fundamento da fé cristã. Com isso, à teologia ecumênica é dada, por um lado, a possibilidade de refletir sobre aquilo que fundamenta a fé cristã e, por outro, de perceber que muitas interpretações de verdade estão ligadas mais à tradição ou à forma de organização de determinada comunidade eclesial. Não que isso crie uma lista conjunta de verdades mais ligadas ao fundamento da fé e verdades menos ligadas ao fundamento da fé cristã. Como afirma T. Stransky,

> a natureza orgânica da fé afirma que as verdades reveladas não estão colocadas lado a lado numa lista estática de proposições, mas são organizadas ao redor, e apontam para um centro ou fundamento – a pessoa e mistério de Jesus Cristo, nossa salvação. Embora igualmente verdadeiras, as afirmações de fé têm maior ou menor consequência à medida que se relacionam com seu fundamento (Stransky, 2005, p. 580).

O conceito de hierarquia de verdades desafia inclusive, no contexto ecumênico, que cada tradição cristã se coloque a pergunta pelos elementos centrais de sua tradição e interpretação da fé.

Acima do esforço de reflexão teológica acerca do ecumenismo, um outro esforço sempre se sobrepôs e aqui é importante destacar: a prática de incentivo ao ecumenismo por meio da espiritualidade. Essa se mostra sempre de novo pela organização da Semana de Orações pela Unidade dos Cristãos. Ela é já parte integrante da tradição ecumênica e quer expressar que a comunhão e convivência entre os cristãos se deve dar em primeiro lugar por um espírito de fé. E essa tem sua expressão que toca o coração dos cristãos pela oração, dado que advém do próprio Cristo que ensina seus discípulos a rezar. A tradição orante marcou o cristianismo na sua constituição histórica.

> A oração comum foi uma prática constante nas comunidades cristãs primitivas. No fato de orarem juntos, por coisas que têm que ver com a vida diária dos que formam a comunidade, não apenas se participa da prece a Deus, mas também se expõe a situação que motiva a elevação desta súplica [...] A prática da oração comum alcança seu verdadeiro sentido quando há uma vida compartilhada (Santa Ana, 1987, p. 179).

O movimento ecumênico almeja tanto vincular-se ao costume e à tradição da oração comum, presente desde o cristianismo primitivo, quanto ser expressão atual desse costume e dessa tradição quando propõe que a oração (a espiritualidade) seja o seu principal impulsionador. Na esteira dessa tradição, em praticamente todos os países e línguas em que o cristianismo se faz presente em diversidade confessional, realizou-se o esforço por conseguir uma tradução comum, especialmente de orações fundamentais como o Pai-Nosso ou o Credo. Ou então, no surgimento de orações atuais que possam servir de base para a prece comum. A título de exemplo nessa linha, se pode tomar o Credo na forma de sonho composto por Marcelo Barros:

> Este sonho acontecerá
>
> Creio em Deus, fonte de vida e energia amorosa do universo, presença amiga e acolhedora de todas as culturas e religiões da terra.
>
> Creio que à assembleia de Israel, nossos pais na fé, Deus se revelou Mãe de ternura e fez com o povo uma aliança de libertação.
>
> Creio que, para ampliar esta aliança a todos os povos e aperfeiçoá-la no amor, Deus nos revelou que Jesus de Nazaré é o seu Filho amado.
>
> Jesus nos deu o seu Espírito, energia feminina de graça.
>
> Por isso, podemos chamar a Deus de Papai e contemplá-lo como Mamãe.
>
> Creio que Deus quer e vai realizar no mundo a sua paz, como sinal da sua presença.
>
> Este sonho de Deus é vivido em antecipação na comunhão das Igrejas abertas a todas as raças e culturas da terra.
>
> Creio que as divisões das Igrejas vêm dos nossos pecados.
>
> Assim como um dia começaram, podem um dia ser vencidas e superadas.
>
> Creio na unidade visível, total e orgânica, vivida na igualdade de todos e no respeito à diversidade.
>
> Que todas as Igrejas possam escancarar suas portas, que a humanidade peregrina possa nelas entrar e ser bem-acolhida.
>
> Que todas as culturas venham nelas beber e cantar.
>
> Então, se formará o bloco do povo embriagado de Deus, dando força ao jeito próprio de cada tribo e religião expressar seu amor e festejar a festa, que é a alegria de minha vida e que em minha pobre fé eu só sei chamar de Páscoa (Barros, 1996, p. 211-212).

4
Propostas ecumênicas de tradições eclesiais

A partir do testemunho de Jesus Cristo que nos foi transmitido pelos textos do Novo Testamento e, sobretudo, pelos Evangelhos, não nos é possível justificar as divisões entre os cristãos. A divisão é – como já afirmado anteriormente – um escândalo que, em nome do Evangelho e da credibilidade da fé, precisa ser superado. O mesmo Novo Testamento, todavia, é testemunha de que a unidade é, desde o início, uma dificuldade dentro do cristianismo. A discórdia entre os membros da comunidade inicial de Corinto parece ter sido, inclusive, um dos motivos pelos quais Paulo escreve a carta que designa os habitantes da região, pois logo em seu início afirma: "Estai de acordo no que falais, e não haja divisões entre vós; antes, sede bem unidos no mesmo pensar e no mesmo sentir. Digo isso, irmãos, porque soube, pelos familiares de Cloé, que há discórdias entre vós" (1Cor 1,10-11). E questiona: "Está Cristo dividido?" (1Cor 1,13).

A unidade entre os discípulos de Jesus, o Cristo, não conseguiu ser mantida durante a história do cristianismo. Surgiram muitas divisões, bem como despontaram muitas discórdias; algumas, em consequência de diferenças teológicas, outras, por disputas internas em alguma comunidade, outras ainda, por diferenças culturais, e assim por diante. Esse processo de divisões e de surgimentos de novas Igrejas perdura até hoje e certamente não há ano – em nossa época – em que não surja uma nova Igreja, sobretudo dentro do fenômeno pentecostal, no qual a multiplicação rápida de instituições é uma constante.

A partir do fim do século XIX, e sobretudo durante o século passado, ao lado do processo de divisões e de surgimento de novas Igrejas, processo que não se interrompeu, surgiu aos poucos a consciência da necessidade de se iniciar um caminho de aproximação, de proximidade, de colaboração entre os membros das diversas, ou seja, um caminho de unidade. Atualmente, essa consciência da necessidade da unidade atinge, pouco a pouco, grandes setores do cristianismo e dos seguidores de Jesus Cristo.

A consciência de tal unidade tornou-se paulatinamente mais ampla dentro do cristianismo. Mas, ao mesmo tempo, cabe perguntar: o que se entende por unidade? É unidade institucional? É unidade hierárquica? É unidade de ação? É unidade de acordo entre vários grupos eclesiais? É uma unificação de instituições, ritos, hierarquia, doutrina, costumes etc., de modo que haja uma uniformidade no mundo cristão? Ou seria essa unidade mais um processo de espiritualidade, de sentimento comum, de benquerença e partilha mútuas?

Seguindo o que foi exposto no capítulo 3º ("Se o Senhor não construir a cada..."), temos de recordar que a unidade básica não é resultado tão somente de um plano de unidade, mas sim da ação do próprio Espírito. Outrossim, já há uma unidade básica entre os cristãos, unidade essa que não pode ser destruída, visto que se trata da fé em Jesus Cristo, no Deus uno e trino. Sob a óptica da base de fé já há, pois, unidade, embora, por vezes, não tão visível e consciente. Quando se fala em projeto ecumênico de unidade, pensa-se, todavia, em algo mais concreto e visível do que a unidade em espírito – sem a qual a unidade visível, entretanto, não se sustenta. "A unidade é dom, mas constitui ao mesmo tempo tarefa e responsabilidade" (Navarro, 1995, p. 27). Na consciência dessa responsabilidade, diversas instâncias ou instituições cristãs elaboraram, com o tempo, propostas para o exercício de unidade. Vejamos as quatro propostas mais significativas: a das famílias confessionais (através do exemplo luterano), a do Conselho Mundial de Igrejas, a do ecumenismo de base e a proposta da Igreja Católica[8].

4.1 As famílias confessionais: o exemplo luterano

Para se examinar a proposta ecumênica das Igrejas advindas da tradição luterana, faz-se necessário primeiro evidenciar a existência das chamadas *famílias confessionais*. As muitas Igrejas existentes dentro do cristianismo formam – por tradição, por origem e pelo modo de ser – grupos entre si que têm muitos fatores em comum. Geralmente, as Igrejas nascidas de uma tradição continuam a ter uma certa unidade. A estes grupos de Igrejas dentro do cristianismo, dá-se o nome de *família confessional*. Há, assim, a família anglicana, a família luterana, a família reformada, bem como se pode falar inclusive de família católica. Entre as Igrejas de uma determinada família, há uma maior unidade e, pelo menos teoricamente, mais espaço e afinidade para diálogo. Há inclusive muitos organismos que reúnem estas famílias confessionais. Um dos mais importantes e ativos deles é o que reúne a família luterana, a Federação Luterana Mundial, fundada em 1947 (antes já havia a Convenção Luterana Mundial).

A própria organização em famílias confessionais configura-se em um importante passo ecumênico. Estas organizações têm, todavia, em primeiro lugar, a função de preservar as tradições e características de determinada família. "Há nelas, certamente, aspectos que enriquecem a vida de todas as Igrejas. Daí sua insistência

---

[8]. Aqui tomaremos como base sobretudo Santa Ana (1987, p. 69-121). Para outras propostas, cf. Navarro (1995, p. 29-41).

em propor como projeto de unidade a reconciliação das diversas Igrejas, o diálogo, a aproximação, o fim da competição e da desconfiança entre as diferentes confissões cristãs" (Santa Ana, 1987, p. 103). J.H. de Santa Ana observa criticamente, contudo, que a organização das famílias confessionais ainda está longe de representar determinada família por inteiro, pois em geral, está ligada ao hemisfério norte, à origem da confissão, não representando a realidade da maioria dos fiéis dessa confissão que vive em condições adversas no hemisfério sul do planeta (cf. Santa Ana, 1987, p. 104-105).

Dentro dessa realidade de vantagens e desvantagens das famílias confessionais, há a proposta ecumênica da Federação Luterana Mundial (FLM), modelo aceito e assumido de certa forma por outras famílias, que

> é no fundo uma expressão de aproximação fraterna de caráter interconfessional. Mais do que uma reconciliação das massas que compõem as Igreja, trata-se de um diálogo entre corpos eclesiásticos que até há pouco não tinham relação entre si. [...] Pelo fato de não ser assim, a nível da vida das Igrejas, o projeto ecumênico das famílias confessionais mundiais praticamente logo se esgota como projeto ecumênico. A "diversidade reconciliada" se concretiza quando se alcança um nível de diálogo respeitoso, cortês, fraterno, entre católicos romanos, ortodoxos, luteranos, reformados, anglicanos, batistas, metodistas, pentecostais, *evangelicals*, fundamentalistas etc. (Santa Ana, 1987, p. 106).

Entende-se a Federação Luterana Mundial como uma "comunidade mundial de Igrejas luteranas"[9]. Essa comunidade é composta por 148 Igrejas de 99 países (2022). No âmbito ecumênico, a atuação da Federação se dá tanto na direção do diálogo, do intercâmbio e da colaboração entre as diversas Igrejas luteranas,

---

9. https://de.lutheranworld.org – Acesso em 6 mai. 2022.

como em iniciativas ecumênicas com outras Igrejas e famílias confessionais e na atuação em projetos humanitários e sociais. A atuação da federação tem reforçado à família luterana a consciência de que "ser luterano significa ser ecumênico"[10]. A própria estrutura organizacional da FLM já procura espelhar seus ideais de ser uma comunidade de Igrejas na qual a diversidade eclesial esteja representada. Assim, o organismo máximo da FLM é a assembleia geral que ocorre a cada seis ou sete anos. Destas participam representantes das Igrejas-membro. As assembleias gerais definem os rumos de ação e as prioridades da Federação, além de elegerem um Conselho composto paritariamente por ordenados e leigos, mulheres, homens e jovens. Abaixo dele está o Comitê Executivo responsável por coordenar o cotidiano das ações da FLM, o qual é composto por ao menos quatro mulheres e quatro homens, advindos de regiões diferentes do planeta. Ao Conselho da FLM, cabe elaborar decisões consensuais, as quais são emanadas em declarações, e cuja adesão não é obrigatória, contudo aconselhável a todas as Igrejas que compõem a FLM.

Ademais, a Federação promove uma gama de estudos em comum aos membros da família luterana acerca de uma série de temas, tanto a fim de oferecer subsídios para as Igrejas-membro, como para oferecer apoio aos projetos de estudos e formação das próprias igrejas. Temas que se destacam nesses estudos dizem respeito às identidades luteranas, à relação entre mulher e gênero, ao trabalho inter-religioso, à teologia pública e à questão ecológica. Para além destas atividades de estudos, a Federação também apoia projetos de Igrejas luteranas em diversos países, sobretudo aquelas em maior dificuldade em terras de missão, com o intuito de consolidar suas estruturas e competências.

Nas ações de colaboração da Federação Luterana para com outras iniciativas ecumênicas, há de se destacar o trabalho em

---

10. https://de.lutheranworld.org – Acesso em 6 mai. 2022.

conjunto com organismos ecumênicos, como o Conselho Mundial de Igrejas e o Fórum Cristão Global, bem como a composição de diversas estruturas de diálogo ecumênico com outras famílias confessionais: luterano-anglicano, luterano-menonita, luterano-ortodoxo, luterano-reformados e luterano-católico romano.

Há por parte da Federação Luterana Mundial um forte engajamento em causas humanitárias globais por justiça. Temas centrais desse engajamento são: justiça climática, justiça de gênero, direitos humanos, engajamento inter-religioso e paz. Este trabalho acontece em colaboração com outras instituições no âmbito regional, nacional ou internacional e tem por objetivo somar forças aos esforços por um mundo mais justo e equilibrado a partir da fé cristã.

Do ponto de vista da teologia ecumênica, é de se destacar três inspirações importantes advindas da atuação da Federação Luterana Mundial: o conceito de ecumenismo como comunidade de Igrejas, a formação de fóruns eclesiais bilaterais para diálogo ecumênico e o engajamento cristão em questões humanitárias, ecológicas e de justiça. O primeiro elemento – comunidade de Igrejas – traz consigo a ideia de que o trabalho em conjunto de diversas Comunidades Eclesiais, em especial o trabalho em conjunto entre Igrejas de tradição luterana, tem por princípio a ideia de unidade na diversidade. É possível construir unidade em muitos âmbitos eclesiais e ao mesmo tempo respeitar e valorizar a riqueza da diversidade. A FLM, ao se entender como comunidade, transmite mais a ideia ecumênica de convivência, de ação em conjunto, de espaço de presença e atuação, de lugar concreto de encontro e diálogo do que a ideia de ser uma instituição ou uma estrutura. O segundo elemento – participação em fóruns ecumênicos bilaterais – evidencia, por sua vez, a necessidade do envolvimento institucional representativo das Comunidades Eclesiais no diálogo com outras comunidades ou tradições cristãs. O afastamento entre cristãos de eclesialidades diversas é também o afastamento entre tradições, entre formas de organização, entre compreensões de estruturas eclesiais. Além disso, dentro de um mundo globalizado, a convivência entre cristãos de diversas confissões é uma realidade que precisa ser também acolhida pela instituição eclesial, de modo a contribuir para uma melhor convivência social. Do ponto de vista do Evangelho, é um verdadeiro escândalo as discórdias entre cristãos presentes numa mesma sociedade. Por fim, o terceiro elemento – o engajamento da FLM em questões humanitárias – representa o comprometimento da fé cristã com ações sociais, com ações que promovam o ser humano, defendam a sua dignidade e o meio onde vive. O engajamento do cristão nestas áreas não é uma questão de opção, mas sim parte de sua própria identidade. Como afirma a 1ª Epístola de São João: "Quem disser: 'Amo a Deus', mas odiar o seu irmão, é mentiroso. Pois quem não ama o seu irmão, a quem vê, não pode amar a Deus, a quem não vê. Recebemos dele este mandamento: quem ama a Deus ame também seu irmão" (1Jo 4,20-21). Dessa e de outras passagens do Novo Testamento infere-se não ser possível separar a fé em Jesus Cristo do engajamento social em favor da dignidade humana. Nessa inseparabilidade, todos os cristãos das mais diversas Comunidades Eclesiais têm uma identidade comum.

4.2 A proposta do Conselho Mundial de Igrejas

O Conselho Mundial de Igrejas, como já foi frisado anteriormente nesse texto, é o maior organismo ecumênico do cristianismo tanto por ser o maior fórum de diálogo entre cristãos, quanto por gozar da maior expressão de ação conjunta dos cristãos em favor de projetos sociais e humanitários. Mais de 350 Igrejas cristãs são membros desse conselho, oriundas de mais de 120 países (2022). Nem por isso se pode dizer que com o CMI o ecumenismo (a unidade) seja uma realidade fácil ou presente por inteiro no cristianismo. Várias dificuldades e oposições acompanharam o trabalho de constituição do CMI. De um lado, havia a crítica de Igrejas conservadoras de que o CMI era um Conselho que pretendia finalmente levar as Igrejas nascidas da Reforma de volta ao seio da Igreja Católica. As Igrejas que tinham esse temor fundaram inclusive um organismo concorrente do CMI, o Conselho Internacional de Igrejas. Por outro lado, havia o temor de muitas Igrejas de que o CMI pudesse se transformar numa *supraigreja*, que, com o tempo, iria interferir em questões internas de cada Igreja particular ou que fosse um organismo a controlar, ou até mesmo legislar, Igrejas que o compusessem.

Diante desses temores, já em 1950, o CMI, por meio de seu comitê central, elaborou uma declaração intitulada "A Igreja, as Igrejas e o Conselho Mundial de Igrejas", com o subtítulo "A significação eclesiológica do Conselho Mundial de Igrejas", esclarecendo a condição do Conselho frente às suas Igrejas-membro. O teólogo do ecumenismo Zwinglio Mota Dias destaca cinco elementos desse documento, conhecido como "Declaração de Toronto" (Teixeira; Dias, 2008, p. 38):

> 1) O CMI não é e nem deve vir a ser uma superigreja.
>
> 2) O objetivo do CMI não é o de negociar união entre as Igrejas, pois isto só pode ser feito por elas mesmas e por sua própria iniciativa.
>
> 3) O CMI não pode e não deve estar baseado numa concepção particular de Igreja. Ele não prejulga a questão eclesiológica.
>
> 4) Ser membro do CMI não supõe que uma Igreja considere sua própria concepção de Igreja como relativa, nem que cada Igreja deva considerar as outras Igrejas como Igrejas no sentido pleno e verdadeiro do termo.
>
> 5) Ser membro do CMI não implica que se deve aceitar uma doutrina específica relativa à natureza e à unidade da Igreja.

Em relação à sua atuação no âmbito ecumênico, o CMI definiu na Assembleia Geral de 1975 (em Nairobi) sua posição frente ao ecumenismo ao afirmar que entende a unidade das Igrejas a partir das igrejas locais; uma unidade, pois, a partir da base. Vejamos a declaração de Nairobi a respeito:

> A Igreja é única e deve ser concebida como uma unidade conciliar de igrejas locais que estão verdadeiramente unidas. Nessa unidade conciliar, cada igreja local possui, em comunhão com as outras, a plenitude da catolicidade; dá testemunho da mesma fé apostólica e, por conseguinte, reconhece que as outras Igrejas pertencem à mesma Igreja de Cristo e são guiadas pelo mesmo Espírito. Como afirmou a Assembleia de Nova Déli, estão juntas porque receberam o mesmo batismo e participam da mesma Eucaristia; reconhecem reciprocamente seus respectivos membros e ministérios. São uma só Igreja no compromisso comum de confessar o Evangelho de Cristo, proclamando-o e apresentando-o ao mundo. Cada Igreja tende para esse objetivo mantendo, sustentando e enriquecendo as relações com suas Igrejas irmãs, que se manifestam em reuniões conciliares quando o cumprimento de sua vocação comum o exigir (Santa Ana, 1987, p. 109-110).

Nessa declaração há – como observa J.H. de Santa Ana (1987, p. 110-112) – cinco pontos que caracterizam a compreensão ecumênica do CMI: a) a unidade é entendida a partir da base e não da cúpula; ou seja, a unidade acontece enquanto e à medida que as diversas Igrejas estiverem unidas e não à medida que um organismo de unidade exista. Essa compreensão apoia-se sobretudo na visão do Apóstolo Paulo: a Igreja é a Igreja local. É de se destacar também que o CMI não é uma igreja, ele é um espaço em que as Igrejas-membro interagem e dialogam, mas não substitui ou se sobrepõe à ação eclesial; b) a unidade não é um acordo de cúpula, mas o estar de acordo com os membros da Igreja no testemunho de Jesus Cristo. O não testemunho comum, o testemunho da divisão dos próprios cristãos é, pelo contrário, o que impede a realização do ecumenismo; c) nesta unidade entendida a partir da base (das Igrejas locais) e a partir do testemunho, elimina-se, na busca comum, o problema da maior ou menor importância de determinada Igreja, do maior ou menor número de membros. Nessa concepção, o ecumenismo não acontece enquanto as Igrejas (como instituições) "se entendem" (e aqui reside um problema do diálogo que decorre do fato de algumas Igrejas terem maior representatividade do que outras), mas sim enquanto há uma relação fraterna; d) no projeto do CMI há a preocupação, em sua organização, de que o organismo mesmo espelhe em sua estrutura a diversidade de Igrejas não apenas como instituições, mas como Igrejas em diversos contextos. Há, assim, a preocupação com a representatividade dos diversos continentes, regiões e culturas, e não apenas com a representatividade das diversas Igrejas; e) por fim, o projeto ecumênico do CMI tem um outro aspecto interessante: não entender o ecumenismo tão somente como uma questão eclesial. O diálogo de unidade deve envolver também a diversidade de culturas, de formas de vida, de projetos ideológicos etc. Com isso, o CMI não é apenas um organismo de diálogo entre cristãos com as suas instituições eclesiais, mas transforma-se num fórum que possibilita um diálogo entre culturas.

Para que alguma Igreja se torne membro do CMI é preciso que ela faça seu pedido de adesão e cumpra alguns pré-requisitos. Entre eles estão a concordância explícita com os estatutos do CMI, demonstração de que se trata de uma Igreja que se organiza de forma autônoma e que cultiva relações ecumênicas construtivas com outras Igrejas em seus países de atuação. Há, por parte do secretariado do CMI, todo um procedimento a ser seguido até que a determinada Igreja seja então acolhida como membro pleno do Conselho. Um dos elementos desse procedimento diz respeito ao número de membros. Para uma Igreja ser aceita como membro de pleno direito no Conselho é preciso que ela conte com ao menos 50 mil fiéis. Igrejas que agreguem mais de 10 mil, mas que não cheguem aos 50 mil, poderão também ser aceitas no CMI, mas não terão direito a voto na Assembleia Geral. No Brasil, são membros do CMI a Igreja Episcopal Anglicana, a Igreja Evangélica de Confissão Luterana, a Igreja Metodista e a Igreja Presbiteriana Independente.

Na estrutura organizacional do CMI, a assembleia geral é a instância máxima de decisões. Esta ocorre, via de regra, a cada sete ou oito anos e é um acontecimento único no contexto ecumênico, dado que reúne geralmente milhares de cristãos advindos de todos os cantos do planeta, representando centenas de Igrejas. As assembleias gerais são momentos de oração, de celebração, de troca de experiências e de vivência ecumênica, uma vez que não são apenas ocasiões para encontros institucionais, mas eventos nos quais se pode viver o ideal ecumênico de unidade cristã. Cada encontro tem um tema central em torno do qual acontecem os debates, diálogos e discussões. Os temas das respectivas assembleias foram:

A primeira Assembleia Geral (assembleia fundacional) ocorreu em Amsterdã, Países Baixos, no ano de 1948, contou com a participação de representantes de 147 Igrejas e teve como tema "A desordem do mundo e o plano salvífico de Deus". A II Assembleia Geral ocorreu em Evanston, Estados Unidos, no ano de 1954, contando com representantes de 161 Igrejas, e refletindo sobre o tema "Cristo, a esperança do mundo". A III assembleia teve lugar em Nova Déli, Índia, no ano de 1961 e o tema central foi "Jesus Cristo, a luz do mundo". Nela estiveram presentes representantes de 197 Igrejas. A IV assembleia foi realizada no ano de 1968, em Upsália, Suécia, e o tema foi "Vede, eu faço novas todas as coisas". Essa assembleia foi a primeira após a realização do Concílio Vaticano II na Igreja Católica no qual ocorreu a mudança de posição do catolicismo frente ao Ecumenismo, assumindo-o explicitamente como tarefa para o catolicismo. Embora a Igreja Católica não tenha aderido ao CMI, enviou observadores oficiais ao evento de Upsália. Nela se fizeram presentes representantes de 235 Igrejas e a temática pneumatológica foi um marco especial, bem como as discussões em torno da responsabilidade cristã frente aos problemas sociais do mundo. A V Assembleia Geral ocorreu em Nairobi, Quênia, em 1975, com o tema "Jesus Cristo liberta e une". Representantes de 285 Igrejas se fizeram presentes. A VI assembleia foi realizada em Vancouver, Canadá, no ano de 1983, tendo como tema "Jesus Cristo, vida do mundo". Nela se reuniram representantes de 301 Igrejas. A VII assembleia ocorreu em Canberra, Austrália, no ano de 1991, e teve como tema "Vem, Espírito Santo – Renova toda a criação". Dela tomaram parte representantes de 317 Igrejas. A VIII Assembleia Geral foi realizada em Harare, Zimbábue, no ano de 1998 onde estiveram presentes representantes de 339 Igrejas, sob o tema "Convertei-vos a Deus – Sede alegres na esperança". A IX assembleia ocorreu no ano de 2006, na cidade de Porto Alegre, Brasil. Contando com representantes de 348 Igrejas, o tema geral foi "Em tua graça, Deus, transforma o mundo". A X assembleia foi realizada na Coreia do Sul, na cidade de Busan, no ano de 2013, tendo como tema "Deus da vida, mostra-nos o caminho para a justiça e a paz" e dela participaram representantes de 345 Igrejas. A XI Assembleia Geral ocorreu em Kalsruhe, Alemanha, no ano de 2022, com o tema "O amor de Cristo movimenta, reconcilia e une o mundo".

O CMI tornou-se também, como assinalado acima, um fórum de expressão dos cristãos por intermédio de apoio a projetos. Assim, esse organismo apoiou posições e campanhas decididamente por opções claras; nesses projetos se inserem o combate ao racismo, ao sexismo, a defesa dos direitos humanos, a condenação ao armamentismo e ao militarismo, o combate à tortura, a defesa do direito de autodeterminação dos povos contra a ingerência das grandes potências etc. Pode-se afirmar que o CMI tomou, por meio de seus programas e projetos, uma posição clara em favor dos desvalidos e contra a injustiça. Assim sendo, o CMI não entende que seu papel é facilitar o diálogo em função da unidade apenas no que tange à fé (e às Igrejas), mas também o de facilitar a unidade através de uma maior igualdade entre os seres humanos. "A busca da unidade da igreja não pode ser separada do empenho pela unidade da humanidade" (Santa Ana, 1987, p. 115). Desde 1971, o CMI também incluiu em sua estrutura um secretariado para o diálogo e a cooperação entre as religiões.

Nascido a partir de iniciativas de Igrejas oriundas basicamente da Reforma e de matriz europeia, o CMI ao longo de seus mais de 70 anos de existência congregou Igrejas das mais variadas origens e localizações, de modo que nele estão representadas hoje não só Igrejas da reforma, mas também Igrejas ortodoxas e de tradição pentecostal, estas últimas fundadas, em sua grande maioria, fora do continente europeu e do hemisfério norte.

A atuação do Conselho proporcionou muitos avanços no campo ecumênico, dentre os quais se pode destacar[11]: a construção de redes ecumênicas presentes em todos os continentes e em muitos âmbitos nacionais, por meio das quais ocorrem ricas trocas teológicas, espirituais, litúrgicas, materiais e humanas – embora a Igreja Católica não seja membro oficial do CMI, ela o é em muitos organismos tanto regionais quanto nacionais e participa de diversos grupos de trabalho do Conselho o esclarecimento de temas teológicos que dizem respeito a todas as Igrejas, por exemplo, a declaração comum sobre o batismo, a eucaristia e o ministério, documento que facilitou o diálogo entre as diversas tradições confessionais; a proposição da temática e condução de atividades, junto com a Igreja Católica, da Semana de Oração pela Unidade

---

11. Avaliação feita pelo próprio Conselho Mundial de Igrejas: https://www.oikoumene.org/de/about-the-wcc/achievements – Acesso em 4 jun. 2022.

dos Cristãos; o reconhecimento da importância do diálogo inter-religioso e do bom relacionamento com as outras religiões, bem como a responsabilidade pela integridade da criação como tarefas importantes para o movimento ecumênico.

4.3 O ecumenismo na base: ecumenismo prático

Há de se observar que o processo ecumênico não é apenas um processo desencadeado através de ação ecumênica específica das entidades eclesiais. Desde o seu início, o ecumenismo também teve seu impulso por articulações de pessoas que buscaram a unidade através de ações concretas. Esse ecumenismo que nasce por meio de ações concretas do povo pode ser chamado de "ecumenismo prático".

O ecumenismo prático acontece no lugar em que os cristãos de diferentes credos e Igrejas assumem em comum o projeto de Jesus, o projeto do Reino de Deus.

> O Reino é justiça, libertação, redenção dos oprimidos, cura das doenças, ressurreição dos mortos, esperança para os cativos, alegria dos pobres, felicidade das crianças. Em resumo, o Reino expressa as expectativas de todos aqueles que não ocupam posições de poder ou de privilégio na sociedade, para que irrompa uma sociedade nova. Jesus realizou seu ministério anunciando que tudo isto se cumpria com sua vinda (cf. Lc 4,17-21). O projeto ecumênico popular toma corpo a partir do momento em que, em situações bem concretas, homens e mulheres de todas as convicções se unem para se empenharem em tornar realidade tudo o que Jesus nos trouxe (Santa Ana, 1987, p. 117).

Esse movimento ecumênico cresceu em espaços não primeiramente eclesiais (como sindicatos, partidos políticos, movimentos de defesa dos direitos humanos, movimentos contra o racismo), mas foi indubitavelmente impulsionado pela fé dos cristãos que atuavam nesses espaços. No Brasil, exemplos típicos desse "ecumenismo prático" podem ser encontrados na luta pela reforma agrária e na luta em favor da causa indígena.

O ecumenismo prático não tem um projeto elaborado, tampouco um objetivo preestabelecido. Ele se dá pela prática. Assim sendo, pode-se falar em um ecumenismo decorrente de uma prática, que, ora é consciente, ora é obra do acaso. Esse ecumenismo prático é, sem dúvida, um dos caminhos importantes a serem utilizados para a permanência da unidade. Há de se alertar, contudo, para o perigo de radicalizar essa posição, isto é, defender a ideia de que mais vale o projeto por todos compartilhado do que a própria fé. Essa posição supõe que há uma divisão entre fé e vida, entre aquilo que se crê e o projeto pelo qual se luta. Uma fé bem entendida não pode ser vista como desligada da vida. É parte integrante da fé sua dimensão prática e social, bem como a celebrativa e teológica (cf. Barros, 1996 p. 107).

4.4 A proposta católico-romana para o ecumenismo

Como já havia sido assinalado nesse texto, a Igreja Católica teve por longo tempo uma posição reticente frente ao movimento ecumênico que nascera no seio de Igrejas evangélicas. Não que essa posição reticente diante do ecumenismo tenha sido a posição de todos os membros da Igreja Católica, mas, no nível de instituição, o movimento ecumênico nascente foi visto pelo catolicismo com certa desconfiança. Diversos são os fatores que influenciaram essa posição. Entre eles, podem ser citados a forte ligação e o zelo do catolicismo pela tradição, os ressentimentos históricos frente às outras igrejas cristãs, a concepção de ser a Igreja Católica a única legítima guardiã da herança de Jesus Cristo etc.

O ecumenismo nascera dentro das Igrejas evangélicas como um movimento de leigos (sobretudo de jovens) que apenas mais tarde foi assumido pelas respectivas instituições eclesiais. No catolicismo não foi diferente. Antes de ter sido assumido oficialmente pela instituição, fiéis católicos engajaram-se em movimentos ecumênicos por iniciativa pessoal. Nesse engajamento ecumênico leigo há de se destacar a organização de cristãos de diversas denominações na luta contra o nazismo e o fascismo. Nesse engajamento, houve a possibilidade concreta de se superarem barreiras e preconceitos intracristãos e intraeclesiais em favor de uma causa comum maior. Desse e de outros engajamentos surgiu dentro da Igreja Católica a consciência da importância da busca pela unidade. O marco de mudança de posição da Igreja Católica na questão ecumênica é a atuação do Papa João XXIII e o Concílio Vaticano II. O papa havia criado em junho de 1960 o Secretariado para a Promoção da Unidade dos Cristãos. Assim, o Concílio Vaticano II emana dois documentos relevantes a respeito da questão ecumênica: o decreto *Unitatis Redintegratio* (UR, aprovado em 20 de novembro de 1964), que apresenta a posição da Igreja Católica na questão ecumênica, bem como o projeto católico para a unidade cristã e a declaração *Dignitatis Humanae* (DH, aprovada em 7 de dezembro de 1965) sobre a liberdade religiosa. Essa declaração é importante para o ecumenismo à medida que coloca claramente a superação da antiga posição *extra ecclesiam nula salus* (fora da Igreja não há salvação) e reconhece o direito de toda pessoa livre optar por uma religião e por uma Igreja. Vejamos mais de perto a posição da Igreja exposta no concílio pelo decreto *Unitatis Redintegratio* e a posição católica na questão ecumênica que dele decorre.

a) O decreto conciliar Unitatis Redintegratio *e o redirecionamento católico frente ao Ecumenismo*

O documento conciliar principia ao afirmar que, a partir de Jesus Cristo, existe uma única Igreja e a divisão hoje existente entre os cristãos é reconhecida como um escândalo e como contradição à vontade de Jesus Cristo (UR 1). Por isso, o movimento de unidade dos cristãos é classificado como obra impulsionada pelo Espírito Santo: "por obra do Espírito Santo, surgiu, entre nossos irmãos separados, um movimento sempre mais amplo para restaurar a unidade de todos os Cristãos" (UR 1).

A mudança da posição da Igreja Católica na questão ecumênica cristaliza-se claramente no número 3 da UR, onde primeiro se reconhece que as divisões surgidas no cristianismo durante a história aconteceram "algumas vezes não sem culpa dos homens de ambas as partes" (UR 3), e, em segundo lugar, se afirma a unidade básica dos cristãos no batismo:

> "Aqueles que creem em Cristo e foram devidamente batizados [...] são incorporados a Cristo e, por isso, com razão, honrados com o nome de cristãos e merecidamente reconhecidos pelos filhos da Igreja Católica como irmãos no Senhor" (UR 3).

Ou seja, os membros de outras Igrejas não são mais tidos primeiramente como hereges ou inimigos, mas como irmãos a partir da fé em Jesus Cristo. A identificação dos membros das outras Igrejas como irmãos na fé leva a Igreja Católica a reconhecer também as outras instituições (Igrejas) como instrumentos de salvação:

> Portanto, mesmo as Igrejas e Comunidades separadas, embora creiamos que tenham deficiências, de forma alguma estão destituídas de significação e importância no mistério da salvação. O Espírito Santo não recusa empregá-las como meios de salvação, embora a própria plenitude desses derive da própria plenitude de graça e verdade confiada à Igreja Católica (UR 3).

A afirmação de que a "plenitude de graça e verdade" foi "confiada à Igreja Católica" marca a compreensão ecumênica do catolicismo e, ao mesmo tempo, sua proposta: a unidade cristã deve ocorrer em torno dessa Igreja. Eis a afirmação do decreto conciliar:

> Contudo, os irmãos de nós separados, tanto os indivíduos como as Comunidades e Igrejas, não gozam daquela unidade que Jesus Cristo quis prodigalizar a todos aqueles que regenerou e convivificou num só corpo e em novidade de vida e que as Sagradas Escrituras e a venerável Tradição da Igreja professam. Somente através da Igreja Católica de Cristo, auxílio geral de salvação, pode ser atingida toda a plenitude dos meios de salvação. *Cremos também que o Senhor confiou todos os bens do Novo Testamento ao único Colégio apostólico, à cuja testa está Pedro, a fim de constituir na terra um só corpo de Cristo, ao qual é necessário que se incorporem plenamente todos os que, de alguma forma, pertencem ao povo de Deus.* Esse povo, enquanto peregrina cá na terra, cresce incessantemente em Cristo, ainda que sujeito ao pecado em seus membros e é conduzido suavemente por Deus, segundo seus misteriosos desígnios, até que chegue, alegre, à total plenitude da eterna glória na Jerusalém celeste (UR 3, grifou-se).

A parte grifada da afirmação marca o que se costumou chamar de "posição católica na questão ecumênica": a unidade deve se dar em uma só Igreja, em torno do colégio apostólico (quer dizer, dos bispos na condição de sucessores dos apóstolos), que tem à frente a pessoa do papa.

Tendo essa premissa por base, o decreto conciliar anima os católicos a participar do movimento ecumênico ao elucidar que cabe aos bispos a responsabilidade primeira de dirigir e promover o ecumenismo: "Esse Sagrado Sínodo constata com alegria que a participação dos fiéis católicos na ação ecumênica cresce de dia para dia. Recomenda-a aos bispos de toda a terra para que seja por eles prudentemente promovida e dirigida" (UR 4). Esse engajamento pelo ecumenismo é visto pelo concílio não apenas como um engajamento religioso ou eclesial, tampouco em nível da oração e do coração, mas sim como colaboração mútua em projetos sociais. A cooperação entre os cristãos de diversas Igrejas contribuirá assim para avaliar devidamente a dignidade da pessoa humana, promover o bem da paz, prosseguir na aplicação social do Evangelho, incentivar o espírito cristão nas ciências e nas artes e aplicar todo gênero de remédios aos males da nossa época, tais como: a fome e as calamidades, o analfabetismo e a pobreza, a falta de habitações e a distribuição não justa dos bens. Por essa cooperação todos os que creem em Cristo podem aprender de modo fácil como devem conhecer-se melhor mutuamente e estimar-se mais e como se abre o caminho para a unidade dos Cristãos (UR 12).

Além de marcar uma posição nova e positiva da Igreja Católica em relação ao ecumenismo e reconhecer o enriquecimento que o ecumenismo traz tanto aos fiéis como à própria instituição Igreja, o decreto conciliar fornece pistas importantes para o futuro do movimento ecumênico: a oração em comum (UR 8), o conhecimento mútuo dos irmãos (UR 9), a importância de se introduzir o tema do ecumenismo no ensino religioso católico (UR 10) e que o ensino da doutrina na Igreja Católica não deve ser feito com o espírito de disputa em relação ao outro, mas de compreensão (UR 11). Na questão do ensino da doutrina católica, o concílio introduz um conceito muito importante a ser considerado no trabalho ecumênico por parte dos católicos: "hierarquia de verdades"[12]. Com isso, o concílio deixa margem à flexibilidade no diálogo ecumênico e incentiva que nesse se dê mais ênfase aos pontos centrais de nossa fé (que são comuns a todas as Igrejas) e menos ênfase aos aspectos onde há maior divergência[13]. "A ideia da existência de uma 'hierar-

---

12. "Comparando as doutrinas lembrem-se de que existe uma ordem ou 'hierarquia' de verdades na doutrina católica, já que o nexo delas com o fundamento da fé cristã é diverso" (UR 11).

13. "O ecumenismo recebeu uma grande ajuda quando o concílio reconheceu que as verdades da fé não são todas iguais. Todas não têm a mesma importância. Uma coisa é discutir a existência dos anjos, ou se Maria teve um ou vários filhos, e outra é discutir se Jesus Cristo é o Filho de Deus, ou se ressuscitou realmente. Há uma hierarquia das verdades da fé que possibilita muito mais o diálogo com as outras Igrejas e a valorização dos pontos que nos unem" (Barros, 1996, p. 125).

quia' nas verdades da fé [...] torna-se um critério indispensável no diálogo ecumênico" (Wolff, 2014, p. 70).

Resumindo: O Concílio Vaticano II, pelo decreto *Unitatis Redintegratio*, é um marco na posição da Igreja Católica no que tange ao ecumenismo. Quanto à avaliação desse marco, há divergências. Não há como negar que a UR representa vários avanços: o reconhecimento do ecumenismo como obra o Espírito Santo, o engajamento da Igreja Católica no movimento ecumênico, o incentivo aos fiéis para que participem de ações ecumênicas, o incentivo a ações comuns das Igrejas etc. Há, entretanto, outras posições na UR que são consideradas por muitos como obstáculos ou, pelo menos, dificuldades ao diálogo: a afirmação de que a Igreja Católica e apenas ela detém a plenitude da graça e da verdade, a afirmação de que o ecumenismo deve ser feito a partir da união do colégio apostólico tendo à frente o papa, a afirmação de que é necessário que as outras Igrejas se incorporem à Igreja Católica. Passados 50 anos do decreto conciliar, é preciso reconhecer que ocorreram bons avanços por parte da Igreja Católica Romana, mas, no que diz respeito ao crescimento do movimento ecumênico destro do catolicismo, ainda é preciso "cuidados com a planta" (Wolff, 2014, p. 146).

Dado que a Igreja Católica tinha até então pouca experiência com o movimento ecumênico, o decreto conciliar sobre o assunto se encerra apontando para o futuro:

> Esse Sacrossanto Sínodo deseja com insistência que as iniciativas dos filhos da Igreja Católica se desenvolvam unidas às dos irmãos separados; que não se ponham obstáculos aos caminhos da Providência; e que não se prejudiquem os futuros impulsos do Espírito Santo (UR 24).

b) Carta encíclica Ut unum sint

Ainda que contenha elementos que podem ser considerados problemáticos para o diálogo ecumênico, o decreto conciliar

Unitatis Redintegratio tornou-se indiscutivelmente um marco positivo da caminhada ecumênica tanto para a Igreja Católica como para o cristianismo em geral, pois a partir desse documento conciliar o ecumenismo passa a ser também algo que diz respeito ao catolicismo. Sendo a Igreja Católica a maior das Igrejas cristãs, essa posição favorável do catolicismo frente ao diálogo ecumênico impulsionou uma vez mais o diálogo no seio do cristianismo. O movimento ecumênico, que havia nascido – como bem o observa a UR –, no seio das Igrejas evangélicas, torna-se também um movimento católico. Em muitos lugares do mundo é, inclusive, a Igreja Católica que se destaca na busca pelo ecumenismo. Atesta-se isso o fato de que em muitos países – entre os quais se pode incluir o Brasil – o ecumenismo é por vezes considerado uma ação da Igreja Católica. E, às vezes, é até mesmo mal-interpretado como uma estratégia católica para conter o avanço das Igrejas evangélicas e a fim de reconduzi-las ao seio do catolicismo.

Após o concílio, foram muitas as iniciativas ecumênicas ocorridas dentro da Igreja Católica. Não que antes do concílio não houvesse tais iniciativas. Situavam-se, entretanto, à margem da instituição. Qual a *Unitatis Redintegratio*, estas iniciativas passaram a ter o respaldo da Igreja Católica como instituição. O Papa Paulo VI que promulgara o documento conciliar foi, de igual modo, um grande incentivador do ecumenismo ao apoiar e manter o Secretariado para a Promoção da Unidade dos Cristãos. Marcante foi o seu gesto de visitar a sede do Conselho Mundial de Igrejas, em Genebra (Suíça). João Paulo II continuou a apoiar o projeto ecumênico, a única mudança que fez foi no nome do Secretariado para Pontifício Conselho para a Promoção da Unidade dos Cristãos (em 28 de junho de 1988), atual Dicastério para a Promoção da Unidade dos Cristãos. Esse pontífice escreveu uma carta encíclica especificamente acerca do ecumenismo, quiçá o documento pós-conciliar mais importante a tratar do tema, a *Ut unum sint* (25 de maio de 1995).

A Carta Encíclica retoma a posição assumida pelo Concílio Vaticano II e faz uma espécie de balanço acerca do ecumenismo desencadeado pelo concílio e dos avanços alcançados. Na introdução ao documento, João Paulo II faz diversas afirmações interessantes para a questão ecumênica. Ele reconhece que as divergências não são apenas doutrinais ou de compreensão da fé. Há outros fatores que atrapalham o movimento ecumênico. Entre eles, são citados a herança de incompreensão e os equívocos e preconceitos herdados do passado; constata-se que há indiferença em relação ao outro, há falta de conhecimento mútuo, falta a "necessária purificação da memória histórica" (n. 2). O papa reconhece a necessidade de que o cristão reconsidere "o seu doloroso passado e aquelas feridas que este, infelizmente, continua ainda hoje a provocar" (n. 2); é preciso reconhecer juntos "os erros cometidos e os fatores contingentes que estiveram na origem das suas deploráveis separações" (n. 2). Essa introdução ao documento tem uma visão realista das dificuldades e não hesita em dizer que, da parte católica, há também erros, incompreensões, falta de empenho e devotamento.

A maior novidade do documento papal encontra-se, entretanto, sob o título "O ministério de unidade do Bispo de Roma" (n. 88-96). Nesse tópico do documento, o papa trata abertamente da questão do primado do bispo de Roma, do primado papal, por conseguinte, na questão ecumênica. Após reafirmar a posição católica de que o primado do papa está baseado na sucessão de Pedro e que esse primado deve ser entendido como um primado de serviço, o papa reconhece que justamente essa questão constitui uma dificuldade para o ecumenismo:

> Por outro lado [...] a convicção da Igreja Católica de, na fidelidade à Tradição apostólica e à fé dos Padres, ter conservado, no ministério do Bispo de Roma, o sinal

visível e a garantia da unidade, constitui uma dificuldade para a maior parte dos outros cristãos, cuja memória está marcada por certas recordações dolorosas. Por quanto sejamos disso responsáveis, com o meu Predecessor Paulo VI imploro perdão (n. 88).

Após essa afirmação, o documento papal sublinha o lugar do Bispo de Roma como herdeiro da missão de Pedro e de Paulo; mormente, o papel especial dado a Pedro nos evangelhos é aqui destacado (n. 91). Em virtude disso, é confiada ao Bispo de Roma uma função especial na Igreja: de ser sinal de unidade e de colocar seu ministério a serviço da unidade em Cristo.

Até aqui se constata a posição manifestada até então pela Igreja Católica. Todavia, no número 95 do documento, o papa afirma que a caminhada ecumênica exige dele a responsabilidade de "encontrar uma forma de exercício do primado que, sem renunciar de modo algum ao que é essencial da sua missão, se abra a uma situação nova". E essa busca de uma forma de exercício do primado que seja adequada à nova situação, deve, como afirma a continuação do texto papal, ser feita em conjunto com as Igrejas:

> O Espírito Santo nos dê a sua luz e ilumine todos os pastores e os teólogos de nossas Igrejas, para que possam procurar, evidentemente juntos, as formas mediante as quais esse ministério [do primado] possa realizar um serviço de amor, reconhecido por uns e por outros (n. 95).

Essa afirmação do papa é indubitavelmente uma abertura na questão ecumênica e proporciona novas perspectivas, pois, decerto, a compreensão da função do primado do Bispo de Roma tem sido – como a encíclica mesmo reconhece – uma pedra de tropeço no diálogo. É preciso, então, procurar em conjunto essa nova forma de exercício do primado que seja adequada à realidade e situação atuais para que as palavras não fiquem mortas no texto.

c) O diretório para a aplicação dos princípios e normas sobre o ecumenismo

Desde antes do Concílio Vaticano II, a cúria romana já havia criado estruturas voltadas para o diálogo tanto com outras denominações cristãs como com outras tradições religiosas. A coordenação geral para o diálogo ecumênico da Igreja Católica é exercida pelo atual Dicastério para a promoção da unidade dos cristãos, o qual pauta sua atuação a partir do *Diretório para a aplicação dos princípios e normas sobre o ecumenismo,* um documento geral válido para toda a instituição católica, editado em 1993. O documento é composto por cinco partes e sua estrutura apresenta de maneira bastante didática a compreensão da instituição sobre o ecumenismo, bem como sua organização e possibilidades.

Em sua primeira parte, intitulada "A busca da unidade dos cristãos", o documento retoma a importância da unidade como um dom a ser cultivado na Igreja de Cristo em suas diversas instâncias. A unidade entre os cristãos sofreu rupturas ao longo dos séculos pelo "desatino e pecado humanos" (n. 18), mas "a graça de Deus incitou membros de muitas Igrejas e Comunidades Eclesiais, muitos especialmente no nosso século, a esforçarem-se por ultrapassar as divisões herdadas do passado" (n. 19).

> Os católicos são convidados a corresponder, seguindo as orientações de seus pastores, com solidariedade e gratidão aos esforços empreendidos por muitas Igrejas e Comunidades Eclesiais e organizações em que cooperam para restabelecer a unidade dos cristãos. Onde não houver qualquer trabalho ecumênico, que os católicos se esforcem por promovê-lo (n. 23).

O esforço ecumênico é bastante complexo, pois pode ocorrer tanto no seio de uma família cujos membros pertencem a comunidades cristãs diversas como em regiões ou países de maioria cristã católica, bem como em regiões cuja maioria comunga com a tradição das Igrejas orientais ou com a tradição protestante, ou ainda em regiões nas quais os cristãos, de um modo geral, são minoria. Cada uma dessas situações exige formas próprias de ação, mas "o que é importante é que, nesse esforço comum, os católicos de todo o mundo se apoiem uns aos outros com a oração e o estímulo mútuo, de modo que a procura da unidade dos cristãos possa prosseguir" (n. 34).

Em sua segunda parte, o diretório traz "a organização do serviço da unidade dos cristãos na Igreja Católica". Nessa organização, há de se chamar a atenção aqui para quatro elementos. Por um lado, a organização ecumênica no âmbito diocesano: o diretório prevê que cada bispo nomeie um delegado (ou delegada) diocesano para o ecumenismo. Essa pessoa, em especial, deverá dinamizar a comissão ecumênica diocesana, ser conselheira do bispo quanto às relações com outras Igrejas, organizar as atividades ecumênicas em nome da diocese, representar a comunidade católica frente a outras Igrejas e participar de trocas de experiências com delegados de outras dioceses. Além da nomeação de um delegado diocesano para o ecumenismo, o bispo deverá também prover a criação de um conselho, comissão ou secretariado para o ecumenismo. A esse, o diretório atribuiu uma série de funções; entre elas, é preciso zelar por uma formação ecumênica nos diversos âmbitos da diocese, promover o ecumenismo espiritual, fomentar o bom relacionamento e encontros com cristãos de outras pertenças eclesiais e propor intercâmbios com outros organismos ecumênicos. Um segundo elemento proposto pelo diretório é a criação, nas diversas conferências de bispos, de uma "comissão episcopal para o ecumenismo". A esta, caberá dinamizar o ecumenismo no âmbito da conferência, apoiar as estruturas ecumênicas diocesanas, estabelecer relações com outros organismos ecumênicos atuantes na região da conferência e manter os bispos informados das atividades ecumênicas, bem como dos avanços desses diálogos. Aos institutos de vida consagrada e sociedades de vida apostólica, o diretório sugere também a preocupação com o diálogo ecumênico em seus espaços de atuação, sejam estes em projetos sociais na área da educação, na área da saúde, seja no que diz respeito à preocupação com a integridade da criação. Por fim, um quarto elemento da organização do serviço da unidade dos cristãos é o próprio Dicastério para a promoção da unidade dos cristãos. A este cabe não somente organizar e promover o diálogo ecumênico em toda a Igreja Católica, mas também encorajar e acompanhar os grupos nacionais e internacionais que atuam em prol da unidade dos cristãos e representar a Igreja Católica nos diversos organismos e atividades ecumênicos internacionais.

A temática da terceira parte do diretório é "a formação para o ecumenismo na Igreja Católica". Essa é decerto uma grande preocupação: é preciso haver nos mais diversos contextos de formação do catolicismo um viés ecumênico. O ponto de vista ecumênico deverá estar presente sobretudo no estudo das Escrituras e da doutrina; deverá levar em consideração a história das divisões entre os cristãos, bem como a história do esforço pela unidade; os avanços dos estudos teológicos dos diálogos ecumênicos e a preocupação com a unidade que deve abranger toda a comunidade dos fiéis católicos. O diretório detalha os diversos âmbitos onde a formação para o ecumenismo deverá ser levada em consideração. Na "formação de todos os fiéis" são apontados os meios a serem utilizados: a escuta e o estudo da palavra de Deus, a pregação, a catequese, a liturgia e a vida espiritual. De igual modo apontam-se os espaços propícios nos quais essa formação pode acontecer: na família, na paróquia, na escola, nos grupos, nas associações e nos movimentos eclesiais. O diretório apresenta orientações bastante detalhadas para a formação dos que cooperam no ministério pastoral. Para a formação dos ministros ordenados, o diretório prevê que todas as disciplinas tenham uma dimensão ecumênica e, em especial, um curso específico de ecumenismo; orienta-se que essa disciplina apresente as noções de ecumenismo, os fundamentos doutrinais da atividade ecumênica, a história das divisões entre os cristãos e a história da busca pela unidade, as diversas formas de fomentar o diálogo ecumênico, a estrutura institucional do ecumenismo do ponto de vista da Igreja Católica, questões específicas como a relação entre ecumenismo e a participação nos sacramentos e o ecumenismo espiritual. O diretório também sugere que essa disciplina, na formação dos ministros ordenados, seja ministrada no início do curso a fim de que o ponto de vista ecumênico possa estar presente em toda a trajetória do curso de teologia. Há de se cuidar também, segundo o diretório, para que a disciplina de ecumenismo não seja desligada da vida para possibilitar aos estudantes terem contatos e diálogos com fiéis de outras comunidades cristãs, visando a uma experiência ecumênica. Do mesmo modo, para a formação dos ministros e colaboradores não ordenados, o diretório recomenda uma sólida formação ecumênica doutrinal, bem como a participação em experiências ecumênicas. Uma vez que há no âmbito da Igreja Católica muitos institutos educacionais, faculdades e universidades, a estas também se recomenda a formação para o ecumenismo, além do fomento a estudos e pesquisas acerca da temática em institutos especializados. Recomenda-se que o ecumenismo seja também temática presente na formação permanente, em especial, dos ministros ordenados e de seus colaboradores.

A quarta parte do documento é dedicada a elementos comuns aos cristãos: "Comunhão de vida e de atividade espiritual entre os batizados". Um desses elementos diz respeito ao batismo:

> Pelo Sacramento do Batismo somos verdadeiramente incorporados em Cristo e na sua Igreja e regenerados para participar da vida divina. O batismo estabelece, portanto, o laço sacramental da unidade existente entre todos aqueles que por ele renascem (n. 92).

O diretório recorda que a pertença ao grupo dos discípulos de Cristo é conferida pela maneira comum de batizar: com a água e a fórmula batizar-se em nome do Pai, do Filho e do Espírito Santo. O documento expõe alguns elementos a serem levados em consideração tanto para a validade do batismo, do ponto de vista do catolicismo, quanto para a prática de sua administração: é válido o batismo feito por imersão ou infusão com a fórmula trinitária; sua validade não depende da compreensão de fé do ministro que o administra; ainda que pelo batismo o fiel seja incorporado ao grupo dos discípulos de Cristo, ele ocorre sempre em uma comunidade eclesial concreta e por isso não deve ser conferido em conjunto por ministros pertencentes a Comunidades Eclesiais distintas. Quanto aos padrinhos e madrinhas, na concepção católica é necessário que sejam da mesma pertença eclesial em que o batismo é realizado, porquanto no batismo realizado na Igreja Católica permite-se que um membro de outra comunidade eclesial seja admitido como testemunha, em conjunto com um padrinho (ou madrinha) católico, bem como é permitido ao católico assumir esse papel em outra comunidade eclesial. Quando do acolhimento na Igreja Católica de um cristão advindo de outra comunidade eclesial houver dúvidas quanto à validade do batismo realizado em sua comunidade de origem, que seja realizada diligente pesquisa a respeito da forma pela qual foi administrado em sua origem, posto que sua validade advém do uso da fórmula trinitária e da água. A inexistência de registros sobre a realização dos batismos em outras Comunidades Eclesiais não deve ser, de forma alguma, motivo para invalidá-los. Se mesmo após diligente pesquisa persistirem dúvidas sobre a validade do batismo, ele pode ser administrado sob condição, mas "o batismo sob condição deve ser administrado em privado e não em público" (n. 99 d).

Após tratar da questão do batismo, o diretório se ocupará da "partilha de atividades e de recursos espirituais", entendendo sob essa expressão "realidades tais como a oração feita em comum, a partilha do culto litúrgico no sentido estrito [...] assim como o uso comum de lugares e de todos os objetos litúrgicos necessários" (n. 103). Ao acentuar a importância da partilha de recursos espirituais entre os cristãos, o documento coloca um duplo aspecto: por um lado, existe entre os cristãos uma comunhão real na vida do Espírito, mas, por outro lado, dado existir diferenças na maneira de pensar e interpretar a fé, esta não é partilhada sem restrições. Nesse duplo aspecto se destaca: aos ministros católicos "não é permitido concelebrar a Eucaristia com ministros de outras Igrejas ou Comunidades Eclesiais" (n. 104 e); a oração em comum é vivamente recomendada, em especial durante a *Semana de oração pela unidade dos cristãos*; a oração pode ser realizada tanto no espaço litúrgico católico, como de outra comunidade cristã ou em lugar de comum acordo; nessas ocasiões, àqueles que desempenham funções rituais é permitido o uso de vestes litúrgicas, desde que em comum acordo entre os participantes; é igualmente permitido que haja também nesses momentos reflexões doutrinais que exponham as diferentes interpretações; dado o preceito católico da missa dominical, é aconselhável que as celebrações ecumênicas não sejam programadas em horários da celebração eucarística, pois não substituem a missa. Não há restrição aos católicos quanto à participação na liturgia não sacramental de outras Comunidades Eclesiais, de modo que podem participar de maneira ativa nesses momentos, fazendo leitura ou pregação, se convidados forem. Numa celebração litúrgica católica, os ministros de outras Igrejas ou Comunidades Eclesiais poderão ter o lugar e as honras litúrgicas que convêm à sua posição ou papel. Do mesmo modo, os membros do clero católico, quando convidados para celebrações em outras Igrejas, poderão envergar traje e insígnias de sua função eclesiástica. Os ritos funerais católicos poderão ser também realizados a membros de outras Igrejas ou Comunidades Eclesiais, seguindo a decisão do ordinário. As bênçãos concedidas aos cristãos católicos também poderão ser dadas a qualquer outro cristão que o pedir. De igual modo, as orações públicas por cristãos católicos poderão ser feitas também em favor de outros cristãos, vivos ou mortos.

O diretório dedica atenção especial à "partilha da vida sacramental, especialmente da Eucaristia". Faz-se uma distinção muito clara entre a partilha da vida sacramental com os membros das diferentes Igrejas Orientais e com os membros de outras Igrejas e Comunidades Eclesiais. Com as primeiras, devido a uma compreensão em comum dos sacramentos e em virtude da sucessão apostólica, "a Igreja Católica permite e encoraja até uma certa partilha com essas Igrejas, no domínio do culto litúrgico, mesmo na Eucaristia, 'em circunstâncias favoráveis e com a aprovação da autoridade eclesiástica'" (n. 122). O fiel católico que, em virtude de limitação física ou moral, estiver impossibilitado de ir ter com um ministro católico, poderá receber os sacramentos da Penitência, da Eucaristia e da Unção dos Enfermos de um ministro da Igreja Oriental (n. 123). Da mesma maneira, é lícito aos ministros católicos administrarem estes sacramentos a membros de Igrejas Orientais que os solicitarem (n. 125). Já na partilha de vida sacramental com os cristãos de outras Igrejas e Comunidades Eclesiais, a situação é bastante diversa. Como princípio geral, a Igreja Católica só admite à comunhão eucarística e aos sacramentos da Penitência e Unção dos Enfermos os cristãos que se encontram em união de fé, culto e vida eclesial. Mas a Igreja Católica "reconhece também que, em certas circunstâncias a título excepcional e sob certas condições, a admissão a estes sacramentos pode ser autorizada ou até aconselhada a cristãos de outras Igrejas e Comunidades Eclesiais" (n. 129). Em caso de perigo de morte, os ministros católicos podem ministrar os sacramentos da Penitência e da Unção dos Enfermos, ou admitir à comunhão eucarística, qualquer fiel batizado, desde que esse fiel esteja impossibilitado tanto de recorrer a um ministro de sua Igreja quanto de manifestar o desejo de receber o sacramento, e que nele manifeste fé e esteja devidamente preparado. Para os outros casos, o diretório recomenda que os bispos estabeleçam normas gerais para que os fiéis de outras Igrejas sejam admitidos nesses sacramentos e, na ausência delas, permite-se que os ministros decidam, orientados pelo diretório. Pode ocorrer também que um fiel católico requeira estes sacramentos de um ministro de uma outra Igreja ou Comunidade Eclesial. Nesses casos, só o faz validamente sob a condição de os referidos sacramentos serem válidos e de um ministro validamente ordenado segundo a compreensão católica (n. 132). A participação ativa de membros de outras Igrejas ou Comunidades Eclesiais na liturgia eucarística católica é permitida seguindo as normas diocesanas. Ministros de outras Igrejas não deverão, entretanto, assumir na liturgia eucarística católica funções restritas a ministros ordenados. Membros de outras Igrejas ou Comunidades Eclesiais podem ser testemunhas numa celebração de casamento na Igreja Católica, bem como católicos podem também assumir essa função em outras Igrejas.

É facultado ao lado católico o compartilhamento de seus espaços de culto ou objetos litúrgicos com outras comunidades cristãs que não dispuserem deles por algum motivo, desde que observadas as normas diocesanas. O diretório prevê igualmente a possibilidade de haver construções comuns de lugares de culto entre católicos e outras Igrejas ou Comunidades Eclesiais desde que se esclareça previamente a forma de uso desses espaços e que as respectivas autoridades eclesiásticas se ponham de acordo.

A instituições de ensino, de saúde e outras instituições que estejam sob a direção da Igreja Católica se recomenda sensibilidade ecumênica tanto no acolhimento de pessoas de outras denominações cristãs como no franqueamento do acesso de seus ministros para o atendimento espiritual dos fiéis.

Na quarta parte, o diretório dedica um espaço relativamente amplo à questão dos casamentos mistos, isto é, o casamento entre uma parte católica e outra de um fiel batizado, membro de outra Igreja ou Comunidade Eclesial. Embora a diversidade eclesial possa trazer contratempos à convivência desses casais, o diretório reconhece que essa é uma realidade sempre mais presente e que a própria convivência entre os esposos pode ser ocasião de diálogo ecumênico. Além disso, a preparação do ritual, sua condução e o acompanhamento pastoral do casal podem ser vistos como espaço de diálogo.

No processo matrimonial para casamentos mistos, alguns elementos devem ser observados: o pedido de licença ao ordinário local deve ser acompanhado das razões pelas quais é feito; a parte católica deverá "declarar que está pronta a afastar os perigos de abandono da fé e prometer sinceramente fazer o possível para que todos os filhos sejam batizados e educados na Igreja Católica. O outro cônjuge deve ser informado destas promessas e responsabilidades" (n. 150). Para a validade de um casamento misto, do ponto de vista católico, é necessário que ele seja celebrado segundo a forma canônica. Se houver motivo justo e razoável, o ordinário poderá conceder dispensa da forma canônica, mas para a validade desse matrimônio, ele deverá ser realizado "em certa forma pública de celebração" (n. 156). Não é permitido em caso de casamentos mistos que se faça duas vezes a troca de consentimentos, seja numa mesma celebração diante de dois ministros das respectivas Igrejas, seja em duas cerimônias com consentimentos, uma em cada Igreja. É permitido ao ministro católico (sacerdote ou diácono), se convidado for e com a autorização de seu ordinário, participar de uma celebração de casamento misto em outra Igreja com dispensa da forma canônica desde que não presida e nem tome o consentimento dos noivos. Poderá, entretanto, fazer parte ativa da celebração através de leitura, exortação ou bênção ao casal. Da mesma maneira, se solicitado pelo casal e com devida permissão do ordinário, o ministro católico poderá convidar o ministro da parte não católica para participar de maneira ativa da cerimônia na Igreja Católica. Caberá ao ministro católico presidir a cerimônia e tomar o consentimento dos noivos.

A quinta e última parte do diretório tem como temática a "cooperação ecumênica, diálogo e testemunho comum". Trata-se de uma parte mais propositiva que aponta estruturas, possibilidades e espaços para práticas do diálogo ecumênico. Em termos de estruturas, o diretório destaca a importância da criação e da manutenção de estruturas de diálogo que se reúnam periodicamente a fim de que sejam mantidos programas permanentes e agendas continuadas. Aqui se trata tanto de estruturas católicas como também da participação de católicos em Conselhos de Igrejas e Conselhos de Cristãos.

> Estes Conselhos e instituições similares procuram dar geralmente aos seus membros a possibilidade de trabalhar em conjunto, de estabelecer o diálogo, de ultrapassar as divisões e incompreensões, de apoiar a oração e o trabalho pela unidade e dar, na medida do possível, um testemunho e um serviço cristãos comuns (n. 166).

A participação de católicos em tais conselhos sempre deverá ter a anuência da autoridade competente. Entende-se também que não é de competência de tais conselhos conduzir o diálogo ecumênico entre as instituições eclesiais ali representadas. Diversos sãos as possibilidades e espaços de diálogo apontados pelo diretório: a) *O estudo em comum da Bíblia*. As Escrituras Sagradas ocupam um lugar especial em todo o cristianismo. Seu estudo em comum, com a participação da diversidade de tradições de interpretação cristã, tem trazido frutos de enriquecimento no diálogo ecumênico, de modo que o diretório incentiva claramente a continuidade destas experiências; b) *Textos litúrgicos comuns*. As

Igrejas e Comunidades Eclesiais que vivem num mesmo contexto cultural são incentivadas a

> preparar em conjunto uma compilação dos textos cristãos mais importantes (o Pai-Nosso, o Símbolo dos Apóstolos, o Credo de Niceia-Constantinopla, uma Doxologia trinitária, o Glória). Esta compilação destinar-se-ia a ser regularmente utilizada por todas as Igrejas e Comunidades Eclesiais, pelo menos quando rezam em comum, em ocasiões ecumênicas (n. 187).

Ademais, incentiva-se uma versão comum de outros textos litúrgicos, como os Salmos, livros de cânticos e certas leituras comuns das Escrituras; c) *A cooperação ecumênica na catequese*. Uma atuação ecumênica no campo da catequese poderá enriquecer a vida da Igreja e Comunidades Eclesiais. Destaca-se, entretanto, a necessidade de haver na catequese uma clara apresentação da doutrina na compreensão católica; d) *A cooperação em institutos de ensino superior*. Como já acentuado anteriormente pelo diretório, há aqui o incentivo para que tanto nos seminários e institutos de Teologia quanto nas faculdades e institutos de pesquisas teológicas haja espírito e colaboração ecumênica; e) *A cooperação pastoral em situações particulares*. Cada Igreja ou Comunidade Eclesial tem, via de regra, um campo de pastoral que lhe é próprio. Mas, em situações especiais em hospitais, prisões, forças armadas, universidades e complexos industriais, uma pastoral ecumênica pode ser praticada com êxito; f) *A cooperação na atividade missionária*. Nos espaços missionários, o testemunho cristão comum é muito importante para a atividade missionária. O diretório recomenda essa colaboração ecumênica missionária não apenas nos espaços em que ainda não houve recepção do anúncio cristão, mas em especial às "massas descristianizadas de nosso mundo contemporâneo" (n. 208); g) *A cooperação ecumênica no diálogo com outras religiões*. Tendo os cristãos princípios básicos em comum, estes poderão ser um elemento importante para o contato e o diálogo com outras tradições religiosas; h) *A cooperação ecumênica na vida social e cultural*. Diversas são as possibilidades de cooperação entre os cristãos na vida social e cultural. Entre elas, o diretório destaca a cooperação no estudo comum das questões sociais e éticas, a cooperação na área do desenvolvimento e das necessidades humanas, na defesa da criação, na cooperação no campo da medicina e da mídia.

O diretório, em todas as suas partes aqui rapidamente expostas, é o documento base a partir do qual a ação ecumênica da Igreja Católica é compreendida, organizada e impulsionada, e, de certa maneira, também legislada. A partir dele é que se estruturam a ação ecumênica regional e local no catolicismo[14].

4.5 O ecumenismo no Brasil

O surgimento de um processo de diálogo entre Igrejas cristãs no Brasil que desemboca num movimento ecumênico não se dá à parte do que ocorreu noutros continentes. Também no Brasil o ecumenismo se forma a partir de eventos a princípio isolados entre si, mas que podem ser considerados precursores do diálogo ecumênico. Esses eventos acontecem a partir do início do século XX. Do mesmo modo que já foi visto em outros contextos, o diálogo entre Igrejas cristãs no Brasil também tem seu início entre comunidades protestantes e apresenta forte elemento missionário: a necessidade de dialogar para melhor organizar a missão no país. Diferentemente de contextos como na Índia ou no sudoeste asiático, o Brasil hodierno é um país de esmagadora maioria cristã católica, de

---

14. Embora tenhamos apresentado aqui apenas três documentos da Igreja Católica Romana a respeito do ecumenismo, há muitos outros pronunciamentos oficiais a respeito da temática, tanto em âmbito universal, quanto continental (CELAM) e, também, Nacional (CNBB). Para uma visão ampla dessa documentação recomenda-se a obra *Ecumenismo: 40 anos do Decreto Unitatis Redintegratio – 1964-2004* (Bizon, J.; Dariva, n.; Drubi [org.], 2004).

modo que o movimento ecumênico no Brasil tem, em seus inícios, também um certo viés anticatólico. Vejamos alguns momentos na trajetória da estruturação do ecumenismo no Brasil[15].

a) Aliança Evangélica Brasileira

Uma primeira estruturação no Brasil que pode ser considerada de cunho ecumênico é a fundação da Aliança Evangélica Brasileira que ocorreu em São Paulo no ano de 1903. Os objetivos da Aliança eram, por um lado, se contrapor ao catolicismo e promover o interesse pelas escrituras, e, por outro, criar uma espécie de base doutrinária comum para a atuação das chamadas Igrejas evangélicas no Brasil. Em seus estatutos consta o objetivo de "realizar de modo visível a união substancial das Igrejas evangélicas no Brasil" (apud Wolff, 2002, p. 77). No artigo II dos Estatutos da Aliança são enumerados 10 elementos que podem ser denominados "doutrinais" em virtude de servirem de base comum para a organização: 1. Suficiência das Santas Escrituras; 2. Direito e dever de juízo privado na interpretação das escrituras; 3. Fé na unidade e trindade divinas; 4. Total depravação da natureza humana em consequência do pecado; 5. Encarnação e redenção pelo Filho de Deus, Jesus Cristo; 6. Justificação dos pecadores somente pela fé; 7. Conversão e santificação como obra do Espírito Santo; 8. Imortalidade da alma, ressurreição e juízo final como bem-aventurança dos justos e condenação eterna dos maus; 9. Sacramentos do Batismo e da Santa-Ceia de divina instituição e 10. Vigência do decálogo. A introdução desse artigo nos estatutos da organização demonstra uma preocupação com as bases de uma unidade doutrinária entre as diversas Igrejas-membro cujas diversas afirmações contrastam, inclusive, com a compreensão da

---

15. Para uma compreensão mais aprofundada da história do ecumenismo no Brasil, cf. Wolff (2002), obra que serve de base para a reflexão aqui exposta.

tradição católica (2, 4, 6 e 9). Destaca-se da atuação da Aliança Evangélica Brasileira o esforço por promover ações interconfessionais entre igrejas de missão e a elaboração de programas comuns de formação para as Igrejas-membro.

b) Comissão Brasileira de Cooperação

Em 1916 ocorreu um evento muito importante para o movimento ecumênico latino-americano, o Congresso do Panamá. Nele foram tomadas diversas decisões para as Igrejas protestantes de missão, sobretudo de origem norte-americana, que muito impactaram também o Brasil, com o fortalecimento dos planos de formação comum, com a produção e distribuição centralizada de materiais impressos, com a realização, no mesmo ano, de uma conferência evangélica brasileira e com a criação da Comissão Brasileira de Cooperação. Se a Aliança tinha como foco a preocupação com uma maior unidade doutrinal entre as diversas Igrejas, a Comissão de Cooperação representava um desejo de avanço muito maior em questões práticas e de interações entre elas: a criação de um grupo de trabalho para coordenar as ações conjuntas, a elaboração de planos de formação comuns, inclusive para pastores, e a divisão territorial na ação das diversas Igrejas de missão com o intuito de evitar sobreposições que impossibilitem uma abrangência nacional. A criação da Comissão Brasileira de Cooperação ocorreu em 1918, com a participação de 19 instituições eclesiásticas, e começa suas atividades em 1920. Entre os objetivos de ação da Comissão estava o de conseguir uma unidade mais orgânica entre as diversas instituições eclesiais, seja pela formação comum de seus ministros e uso compartilhado de materiais na missão, seja, inclusive, pela proposta de que todas as Igrejas se denominassem Igreja Evangélica no Brasil. Embora não se tenha conseguido atingir todos estes objetivos por discordâncias internas, é inegável que a atuação da

Comissão representou um avanço ecumênico importante entre as Igrejas participantes.

c) Confederação Evangélica do Brasil

O trabalho da Comissão Brasileira de Cooperação também tinha em vista um projeto mais amplo de criar um conselho nacional de Igrejas. Um passo importante nessa direção foi a criação da Federação das Igrejas Evangélicas do Brasil, em 1933, que se transformou, no ano seguinte, em Confederação Evangélica do Brasil ao fundir diversas organizações ecumênicas, entre elas a Comissão Brasileira de Cooperação e o Conselho Evangélico de Educação Religiosa no Brasil. Essa união se torna uma espécie de grande guarda-chuva das iniciativas ecumênicas de Igrejas protestantes e contava com evidente protagonismo dos presbiterianos. Da Confederação faziam parte tanto Igrejas evangélicas (membros efetivos), como organizações eclesiásticas (correspondentes) e comunidades locais independentes (colaboradores). A Confederação deu continuidade ao trabalho da Comissão de organizar as missões nos respectivos territórios, procurando, inclusive, dirimir tensões entre Igrejas que atuavam nas mesmas regiões, porquanto tenha representado um avanço importante no que tange à atuação social destas Igrejas. Por seu intermédio ocorreram muitas iniciativas que aproximaram as Igrejas da sociedade brasileira e de seus problemas: a questão da educação, a questão da terra, a temática do desenvolvimento do país e de seu projeto político. Fé e compromisso social, missão e promoção humana, Igreja e sociedade são temas que começam a ganhar relevância nesse contexto, provocando tanto o engajamento favorável, como também reações contrárias entre os evangélicos. Com a ascensão dos militares ao poder em 1964, a Confederação Evangélica do Brasil foi duramente atingida, seja pela perseguição de seus membros, seja pela coerção a abandonar diversas bandeiras sociais que lhe eram importantes.

d) Grupo Ecumênico de Reflexão Teológica

A trajetória de desenvolvimento do ecumenismo no Brasil se iniciou com um envolvimento das Igrejas evangélicas de missão. Havia no diálogo ecumênico a preocupação por uma atuação missionária mais efetiva, com uma certa unidade doutrinária e também com a necessidade de marcar o campo religioso frente ao catolicismo. Com o passar do tempo, a preocupação se dirigiu de maneira acentuada à preocupação com a formação de seus agentes e à atuação religiosa relacionada com a realidade da sociedade brasileira. Ocorreu um processo que se poderia chamar de aculturação dos evangélicos de missão, ao mesmo tempo em que a percepção da necessidade de diálogo entre as diversas Igrejas cristãs cresceu durante o século XX em muitas partes do mundo. A reflexão sobre o ecumenismo ultrapassou, então, as fronteiras das Igrejas evangélicas de missão e passou a ser também preocupação das chamadas Igrejas evangélicas históricas e, posteriormente, da Igreja Católica Romana. Essa reflexão levou à criação de muitas organizações ecumênicas de âmbitos nacionais, continentais e mundiais. No Brasil, essa convergência de diversas Igrejas para a temática do ecumenismo levou à criação do Grupo Ecumênico de Reflexão Teológica, movimento no qual estão envolvidos membros das Igrejas Metodista, Presbiteriana, Episcopal, Luterana e Católica Romana, cujo primeiro encontro ocorreu no ano de 1957. A participação católica nesse grupo foi importante, pois antecipou a posição do Concílio Vaticano II em favor do ecumenismo, o que conduziu, por sua vez, à participação católica na estruturação ecumênica posterior, o Conic, mas, também, por ser um espaço de diálogo teológico-pastoral. Nesse grupo, os representantes das diversas Igrejas tiveram a oportunidade de expor e de conhecer a reflexão teológica acerca de temáticas múltiplas como os sacramentos, a eclesiologia, os ministérios etc.

e) Conselho Nacional de Igrejas Cristãs (Conic)

Do ponto de vista católico romano, conforme já analisado, o documento conciliar do Vaticano II, *Unitatis Redintegratio*, reposicionou a instituição no sentido de assumir positivamente o ecumenismo como sua tarefa. A posição conciliar foi para o catolicismo tanto o ponto de chegada, quanto o ponto de partida. Ponto de chegada em virtude de ter havido antes do concílio muitas ações católicas de envolvimento com o movimento ecumênico, de modo que a decisão do Vaticano II acolheu uma realidade já existente. Ponto de partida pelo fato de que, a partir dele, aconteceram muitos envolvimentos católicos com diálogos com outras Igrejas, seja a participação em organismos ecumênicos, seja pela formação de comissões bilaterais de reflexão e de colaboração.

Ao abranger um grupo maior de Igrejas, essa movimentação internacional em torno da temática ecumênica repercutiu no Brasil nos anos pós-conciliares. Um dos frutos dessa movimentação ecumênica no país foi a criação, em 1974, da Comissão Nacional Católico-Luterana, grupo que dialogou não somente acerca das compreensões teológicas de cada tradição, de suas convergências e divergências, mas também refletiu acerca da ação pastoral das duas tradições, promovendo encontros em diversos âmbitos. Outro fruto do diálogo ecumênico pós-concílio que adveio da iniciativa já pré-conciliar, o Grupo Ecumênico de Reflexão Teológica, foi o Encontro de Dirigentes de Igrejas. Diferentemente do Grupo de Reflexão, composto em boa parte por professores de Teologia, o Encontro de Dirigentes passou a reunir pessoas com funções diretivas em suas Igrejas. Esses encontros aconteceram entre 1975 e 1982, cujos principais focos temáticos foram a questão dos sacramentos do batismo, no qual se chegou à compreensão da validade comum do batismo e de que o rebatismo não deve ser praticado quando algum fiel mudar de confissão religiosa; da Eucaristia, ao constatar importantes diferenças teológicas que dificultam a prática da intercomunhão; e do matrimônio, questão que envolveu tanto as preocupações pastorais sobre a família, como o reconhecimento do chamado matrimônio misto. Diversos encontros de dirigentes de Igrejas também fizeram comunicados em conjunto expressando, sobretudo, a importância do testemunho cristão comum e das preocupações eclesiais com a busca da justiça e da paz social.

As ações e reflexões ecumênicas da década de 1970 prepararam e conduziram a fundação do mais abrangente organismo ecumênico no Brasil, o Conselho Nacional de Igrejas Cristãs (Conic). Fundado na cidade de Porto Alegre em 17 de novembro de 1982, o Conic é fruto sobretudo dos Encontros de Dirigentes de Igrejas. Em sua fundação, estiveram presentes representantes das Igrejas Episcopal Anglicana, Metodista, Católica Romana e Evangélica Luterana. No documento fundacional do conselho, consta como seu objetivo "colocar-se a serviço da unidade das igrejas, empenhando-se em acompanhar a realidade brasileira, confrontando-a com o Evangelho e as exigências do Reino de Deus". O conselho se entende – assim consta em seu estatuto – como uma "organização fraterna de Igrejas" e "respeitadas as diferentes concepções eclesiológicas, as Igrejas-membro se reconhecem convocadas por Cristo à unidade da sua Igreja, na certeza da atuação do mesmo Cristo e do seu Espírito nelas e por meio delas" (art. 1º, Parágrafo único do estatuto). A estrutura do conselho é composta pela assembleia geral, conselho curador, diretoria formada por representantes de pelo menos quatro Igrejas-membro, secretaria executiva e conselho fiscal. Além disso, o Conic conta também com representações regionais, estaduais e locais.

Em sua atuação, se destaca a preparação e animação anual da Semana de Oração pela Unidade Cristã, realizada no Brasil na semana que antecede à festa de Pentecostes e visa a motivar as Igrejas cristãs de todo o Brasil a se unirem em prece a favor da unidade cristã. Merece, de igual modo, destaque na atuação do Conic a preparação da Campanha da Fraternidade, quando organizada de maneira ecumênica. A Campanha da Fraternidade, uma iniciativa quaresmal da Igreja Católica Romana, teve sua primeira edição ecumênica no ano 2000. Desde então, a cada cinco anos, em média, é conduzida de maneira ecumênica, ficando sob responsabilidade do Conic toda a elaboração de seus materiais.

Ademais, fazem parte do Conic iniciativas e organizações ecumênicas dedicadas a temas específicos, como a questão da água, das florestas, dos direitos das mulheres, de migrantes e de refugiados.

São Igrejas-membro do Conic a Aliança de Batistas do Brasil, a Igreja Católica Apostólica Romana, a Igreja Episcopal Anglicana do Brasil, a Igreja Evangélica de Confissão Luterana no Brasil e a Igreja Presbiteriana Unida. Para que alguma Igreja se torne membro do Conic é necessário:

> I – aceitar a Base Constitutiva do Estatuto do Conic;
>
> II – possuir, de direito e de fato, *estrutura de âmbito nacional*, com seu devido estatuto e demais documentos institucionais devidamente aprovados pela direção da igreja e registrados em cartório;
>
> III – ter demonstrado, ao longo de sua atuação, *convicção e prática ecumênicas*;
>
> IV – solicitar formalmente admissão, *com a anuência de dois membros plenos*, acompanhada da devida documentação; conforme inciso II do presente artigo;
>
> V – obter, após recomendação da Diretoria do Conic, voto favorável de dois terços dos membros votantes presentes à *Assembleia Geral*[16].

---

16. https://conic.org.br/portal/conic/noticias/como-uma-igreja-pode-fazer-parte-do-conic – Acesso em 9 nov. 2023.

4.6 A Conferência Nacional dos Bispos do Brasil (CNBB) e o ecumenismo

A Conferência Nacional dos Bispos do Brasil (CNBB) foi criada em 1952, 10 anos antes do Concílio Vaticano II. Sua fundação representou um pioneirismo no mundo cristão católico, dado que foi a partir do Vaticano II que a Igreja Católica Romana incentivou a criação de conferências episcopais mundo afora. As funções fundamentais dessas conferências incluíram a criação de planos pastorais conjuntos, visando maior unidade e eficiência na atuação da Igreja no respectivo país ou região, e a promoção de uma identidade mais local à Igreja Católica Romana nas conferências dos bispos. A criação da CNBB representou um marco para o catolicismo romano no Brasil, sobretudo em termos de uma Igreja mais comprometida com a sociedade e seus problemas.

No que concerne à questão ecumênica, se o concílio marcou a mudança de posição em relação ao tema, fazendo do ecumenismo também uma tarefa da Igreja Católica Romana, no Brasil, a CNBB já acompanhava de certa maneira o movimento ecumênico, mas não o assumira ainda como compromisso seu, admissão que aconteceu somente após o concílio. Só então a CNBB tomou a questão do ecumenismo como responsabilidade sua e a desenvolveu nos mais diversos âmbitos:

a) A CNBB passou a representar a Igreja Católica Romana no diálogo ecumênico com outras Igrejas em âmbito nacional. Assim, a partir da CNBB, houve a participação tanto no Conic como em organismos bilaterais de diálogo – como a Comissão Nacional Católico-Luterana, criada em 1975 ou então em outras organizações ecumênicas, sejam elas de caráter eclesiástico, sejam de caráter social.

b) Preocupação com a formação ecumênica tanto de seus ministros ordenados, quanto dos fiéis. Por muitos séculos, havia sido construída no âmbito católico romano uma imagem muito negativa a respeito das outras Igrejas cristãs. Quando se decidiu assumir o ecumenismo, também se fez necessário iniciar um processo formativo que lhe correspondesse. Há de se destacar aqui a introdução obrigatória da disciplina "ecumenismo" nos currículos dos cursos de Teologia da Igreja Católica Romana, que forma os candidatos ao sacerdócio.

c) Houve igualmente por parte da CNBB a preocupação por incluir a temática do ecumenismo em seus planos pastorais, as chamadas Diretrizes Gerais da Ação Pastoral (DGAP) da Igreja no Brasil. Assim, as DGAP (1991-1994, documentos da CNBB, n. 45) afirmaram que "diante da lastimável divisão dos cristãos em confissões e Igreja diferentes, 'escândalo para o mundo', a Igreja, una e católica, sente a urgência de buscar o diálogo com as outras Igrejas cristãs em vista do crescimento da comunhão visível sob o único bom Pastor, Jesus" (n. 96). E o número 190 do mesmo documento recomendou: "Pratique-se ecumenismo com as outras Igrejas cristãs e incentive-se o diálogo com pessoas e grupos de outras religiões". Na versão das diretrizes de 1995-1998 (Documentos da CNBB, n. 54), os bispos insistiram que "toda a ação pastoral e catequética da Igreja Católica deve assumir conscientemente uma *dimensão ecumênica*" (n. 218). Essa mesma preocupação também apareceu no "Projeto de Evangelização da Igreja no Brasil em preparação ao grande jubileu do ano 2000" (Documentos da CNBB, n. 56), no qual se afirmou que "o 'ecumenismo' em sentido estrito – merece uma atenção especial", e "considerando que há mal-entendidos nessa área, cuide-se de incluir na pregação, na catequese, e em toda a formação da fé a perspectiva ecumênica" (n. 140). E se incentivou que "todos os setores pastorais sejam envolvidos no trabalho ecumênico e no diálogo inter-religioso" (n. 142). Dessa forma, a preocupação para com o ecumenismo passou a integrar de maneira orgânica as Diretrizes Gerais da CNBB, a iluminar a ação evangelizadora da Igreja Católica Romana no Brasil.

d) No ano de 2003, foi publicado pela Conferência dos Bispos o chamado Guia Ecumênico (Estudos da CNBB, n. 21), uma espécie de cartilha para se entender a gênese do movimento, sua estruturação através da história, a adesão da Igreja Católica a essa causa, bem como a atuação desta nos eventos ecumênicos, em especial na Semana de Orações pela Unidade dos Cristãos.

e) A própria estrutura da CNBB espelhou sua preocupação com o ecumenismo. A Conferência dos Bispos foi organizada em 12 comissões episcopais permanentes, responsáveis pela implantação das Diretrizes Gerais, e uma delas foi justamente a comissão episcopal de pastoral para o ecumenismo e o diálogo inter-religioso cuja atribuição foi promover a unidade dos cristãos e o diálogo inter-religioso no âmbito da Igreja Católica Romana do Brasil.

5
Pentecostalismo e ecumenismo: um fenômeno especial

A consciência da necessidade do diálogo ecumênico é sem dúvida um dos pontos essenciais para que o próprio diálogo possa acontecer. Essa consciência da necessidade do diálogo em busca da unidade – mesmo com concepções diferentes de unidade – cresceu no interior do cristianismo e atingiu as Igrejas. Hoje, como já se disse, essa consciência está presente na grande maioria das Igrejas cristãs.

No Brasil, ocorre acentuadamente nas últimas décadas um fenômeno de surgimento rápido de muitas novas Igrejas cristãs autônomas, a sua grande maioria de orientação pentecostal. Esse fato novo precisa ser visto também no contexto do esforço pela unidade. O que se observa, todavia, é que é praticamente nulo o movimento ecumênico destas Igrejas com a Igreja Católica e com as Igrejas chamadas protestantes históricas. Certamente, a Igreja Católica e as protestantes históricas têm sua parcela de culpa nessa falta de diálogo. É inegável que há, de fato, uma grande dificuldade com o diálogo por parte de muitas das novas Igrejas.

Não se busca aqui analisar integralmente o fenômeno pentecostal nem formular juízo de valor das respectivas Igrejas. Não é admissível, contudo, ignorar esse fenômeno, como se não nos concernisse, ou assumir, quase inadvertidamente, a postura de que essa corrente logo declinará e seus seguidores retornarão ao catolicismo. O propósito é apenas oferecer comentários, no contexto ecumênico, acerca dos desafios que o movimento ecumênico enfrenta ao tentar englobar as Igrejas pentecostais autônomas e refletir sobre vias que permitam manter a crença na unidade de todos em Cristo, apesar das adversidades. Todavia, antes de adentrar a discussão ecumênica com as Igrejas pentecostais, torna-se essencial observar brevemente esse fenômeno, elucidar seu nascimento, distinguir as Igrejas entre si e identificar os aspectos que singularizam o pentecostalismo no Brasil.

5.1 O fenômeno do pentecostalismo[17]

a) Surgimento

O fenômeno do pentecostalismo teve início nos Estados Unidos no começo do século passado. Numa Igreja Batista da cidade de Los Angeles, no ano de 1906, um menino começou a falar em línguas durante o culto. O fenômeno chamou a atenção de muita gente e recordou-se o tempo do Novo Testamento, em que também se fala do fenômeno da glossolalia. Esse fenômeno foi interpretado por muitos como um sinal da ação do Espírito Santo, como um novo Pentecostes, em que o Espírito Santo desceu sobre os discípulos e causou o fenômeno da fala em línguas. Por causa dessa interpretação, o movimento e as Igrejas que surgiram em torno desse fenômeno recebem – e, às vezes, o assumem elas mesmas – o nome de pentecostal.

Características importantes desse fenômeno e que têm até hoje um significado central é justamente o falar em línguas e o considerado "batismo no/através do Espírito Santo". Batismo não

---

17. Para a temática da história das diversas Igrejas pentecostais e suas características, confira a obra *Nem anjos nem demônios* (Antoniazzi et al., 1994, p. 67-157). Sobre o pentecostalismo e a reação católica frente a esse fenômeno, cf. tb. Oro (1996).

entendido aqui como o sacramento pelo qual a pessoa é batizada (com água), mas sim o fenômeno de ser tomado pelo Espírito Santo e impelido por ele a falar em línguas.

Em torno do fenômeno de falar em línguas ocorrido em Los Angeles, nasceu todo um movimento de experiência espiritual. Esse movimento teve nos Estados Unidos em seu início logo duas vertentes: a do movimento negro e a do movimento branco de louvor. Os espaços de experiência espiritual nova foram ocupados sobretudo nas igrejas negras dos Estados Unidos como espaço de expressão de pessoas engajadas na sociedade e na luta contra o racismo. Pelo fenômeno da glossolalia, os negros ocuparam espaços importantes na condução da experiência religiosa em suas igrejas. Era um movimento de autoafirmação e de engajamento. Concomitantemente, o fenômeno pentecostal também passou para as igrejas de maioria branca dos Estados Unidos. Aqui, todavia, praticamente não teve o caráter de engajamento social e contra o racismo, mas apenas o aspecto de louvor.

b) O Pentecostalismo no Brasil

É o movimento pentecostal branco que chega ao Brasil, ou seja, um movimento pentecostal baseado no louvor, e não como espaço de expressão de grupos socialmente engajados, principalmente em favor da causa dos negros, como era o caso nos Estados Unidos. O movimento pentecostal chega ao Brasil por meio de um italiano chamado Luigi Francescon, o qual, membro da Igreja Presbiteriana, passara pelos Estados Unidos, onde conhecera a experiência pentecostal. Ao chegar ao Brasil, dedica-se sobretudo à ação missionária religiosa – dentro da Igreja Presbiteriana de São Paulo – entre os descendentes de italianos. A ação de Francescon criou polêmica dentro da Igreja Episcopal e as tensões levaram a um cisma. Francescon saiu da Igreja Presbiteriana e fundou, no ano de 1910, a "Congregação Cristã" no Brasil. Com isso, surge a primeira Igreja Pentecostal em solo brasileiro. Por muitas décadas, essa Igreja permaneceu praticamente restrita aos descendentes de italianos de São Paulo e do Paraná, onde Francescon vivera por um tempo.

A segunda Igreja Pentecostal a surgir no Brasil também foi fundada por pessoas vindas dos Estados Unidos. Trata-se dos missionários batistas suecos Daniel Berg e Gunnar Vingren. Estes dois, que também haviam conhecido a experiência pentecostal nos Estados Unidos, chegam ao Brasil e vão para a cidade de Belém do Pará, dispostos a missionar e a espalhar a experiência pentecostal. Tal como Francescon, atuaram de início em sua Igreja de origem, ou seja, na Igreja Batista em Belém. Também por causa das tensões causadas por suas ações, eles desentenderam-se com a Igreja Batista e fundaram a Igreja "Assembleia de Deus" em 1911. Por diversas décadas, a Congregação Cristã e a Assembleia de Deus foram as duas únicas Igrejas pentecostais no Brasil. Enquanto a primeira ficava mais restrita aos descendentes de italianos, a ponto de, por exemplo, os cantos serem feitos em italiano até a década de 1930, a Assembleia de Deus, após algumas dificuldades iniciais, conheceu uma grande expansão, vindo do Norte e atingindo o Nordeste. Fator decisivo na sua expansão foi a simplicidade de sua proposta: trata-se de uma Igreja leiga (isto é, qualquer pessoa pode fundar uma comunidade), formada por um grupo de famílias (pessoas) coesas em torno sobretudo da leitura da Bíblia e do canto. Essa maneira simples de formar comunidade foi o grande motor propulsor da Assembleia de Deus.

A segunda fase de Igrejas pentecostais no Brasil surgiu apenas no fim da década de 1940, com a vinda para o Brasil da "Igreja do Evangelho Quadrangular". Essa Igreja havia sido fundada em Los Angeles por uma mulher, Aimee Semple McPherson, e seu nome se deve a quatro funções de Cristo consideradas essenciais: Cristo Salvador, Cristo Médico, Cristo Batizador e Cristo Rei que há de voltar. Essa Igreja apareceu no Brasil no fim da década de 1940, na cidade paulista de São João da Boa Vista. A grande inovação da IEQ – já praticada com imenso sucesso nos Estados Unidos – era a pregação em tendas ambulantes e a utilização do rádio como veículo de evangelização. No Brasil, a pregação em tendas ambulantes na chamada "Cruzada Nacional de Evangelização" chamou muito a atenção da imprensa e fez com que a IEQ crescesse rapidamente no Brasil. Seguindo a receita de sucesso da fórmula da IEQ, surgiu em fins de 1955/início de 1956 a primeira Igreja Pentecostal fundada por um brasileiro: a "Brasil para Cristo". Seu fundador, Manoel de Mello, era um jovem pregador de um grande carisma e que conseguia atrair multidões. Iniciou sua atividade religiosa de pregador como membro da Assembleia de Deus. Logo depois, passou para a Igreja do Evangelho Quadrangular. Não demorou a fundar seu próprio grupo, tendo inicialmente o nome de Igreja de Jesus Betel, mudando logo em seguida para "Brasil para Cristo". Mello centrou sua ação evangelizadora sobretudo no uso dos meios de comunicação. Como líder carismático, tinha posições políticas muito definidas e engajadas. Mello foi um crítico do governo militar, era engajado socialmente e também no movimento ecumênico. Após a morte de Mello (1990), a BPC conheceu uma mudança de linha, e não conservou a linha engajada de seu fundador.

Seguindo praticamente os mesmos passos de Mello, Davi Miranda fundou a Igreja "Deus é Amor" em 1962. Davi Miranda havia sido católico e depois entrara para a Igreja Jerusalém, de onde saiu com 26 anos de idade para fundar a própria Igreja, utilizando o dinheiro da indenização por ter sido mandado embora do emprego para alugar um local em São Paulo. Davi Miranda centrou suas atenções nos centros, onde muitos transeuntes estão dispostos a ouvir a pregação. O rádio foi o instrumento por ele privilegiado para propagar sua Igreja. A Pentecostal Igreja Deus é Amor caracteriza-se por um estilo rigorista de controlar seus membros: proibição de ver televisão, rigidez no costume de vestir-se, de usar o cabelo etc. Essa Igreja encontrou ressonância sobretudo nas camadas mais pobres da população e, entre as pentecostais de maior expressão, é aquela cuja pobreza dos membros é a mais visível.

A próxima fase do pentecostalismo brasileiro deu-se no fim da década de 1970, com a fundação de Igrejas voltadas para o grande público, para a massa, e sem muito compromisso com a formação de comunidade nem com a utilização da Bíblia. Exemplos aqui são a Igreja Universal do Reino de Deus, fundada por Edir Macedo em 1977 e a Igreja Internacional da Graça de Deus, fundada em 1980 por R. Soares, cunhado de Macedo. Ao estilo da igreja de Macedo, que tem como público-alvo a massa, como meio a utilização dos meios e métodos modernos de comunicação e como estilo o culto baseado na exploração da emotividade, surgiram muitíssimas Igrejas, principalmente na década de 1990, algumas delas com grande sucesso, outras que não tiveram continuidade.

c) Fases do Pentecostalismo

O pentecostalismo no Brasil pode ser caracterizado em quatro fases, cada qual com seu estilo próprio.

1ª – Assim há a primeira fase, na qual se encontram a Congregação Cristã no Brasil e a Assembleia de Deus. Características das Igrejas dessa primeira fase são: a formação de comunidade, a leitura e louvor em comunidade, a união e solidariedade entre os membros da comunidade, a formação de uma estrutura eclesial, a rigidez nos costumes e a periferia das grandes cidades como lugar social privilegiado de ação e de fundação de comunidades.

2ª – Uma segunda fase do pentecostalismo é inaugurada com a vinda para o Brasil da Igreja do Evangelho Quadrangular. Nessa fase, também se podem contar a Brasil para Cristo e a Deus é amor. Características do pentecostalismo dessa segunda fase é a pregação para as massas, a pregação ambulante (em tendas, antigos cinemas), o acento nos milagres e nas bênçãos, a formação de comunidades, a rigidez nos costumes e o controle bastante grande dos membros pela própria comunidade. O local privilegiado de ação dessa forma de pentecostalismo não é mais a periferia, mas os locais de grande concentração de pessoas: praças, centros de passagem.

3ª – Na terceira fase do pentecostalismo brasileiro, as igrejas mais expressivas foram a Universal do Reino de Deus, a Internacional da Graça, a Igreja da Libertação e a Igreja Messiânica. Características destas Igrejas são a pregação com todos os meios para o grande público, o não compromisso do pregador com o seu público, a grande ênfase dada à ação do demônio, a não formação de comunidades, a concentração em centros de cidades e locais de grande afluência de público e a utilização de uma estratégia de *marketing* de expansão.

4ª – A quarta fase é caracterizada pelo aparecimento do fenômeno de *Igrejas de segmento*, ou seja, Igrejas voltadas para um determinado segmento de público. Trata-se de Igrejas que nasceram e encontram o seu público num determinado grupo social. Assim, há, por exemplo, uma igreja de ex-presidiários, cujo fundador e cuja maioria dos seus membros é composta de ex-presidiários e do grupo social que gravita em torno de ex-presidiários. Outro exemplo é uma igreja voltada para jovens adolescentes que usa a linguagem e o modo de expressar-se característico dessa faixa de idade. Nela, não é incomum que o pastor faça a pregação em cima de um skate. Seu público-alvo é o segmento social de jovens e adolescentes que se identificam com esse tipo de comportamento. Assim, essa quarta fase do pentecostalismo é representada por igrejas especializadas em um determinado tipo de público, e por isso, ao as compararmos com o que acontece no mercado, poder-se-ia dizer que são *Igrejas de segmento*.

5.2 A identidade na diferença

A grande maioria dos membros das Igrejas pentecostais no Brasil provém do catolicismo pelo simples fato de a grande maioria da população ser católica. Não são, todavia, católicos institucionais, isto é, católicos que se identificam com a instituição Igreja Católica, que seguem seu ritmo, seus sacramentos, que participam regularmente de suas atividades, mas sim católicos nominais, isto é, são católicos pelo fato de um dia terem sido batizados na Igreja Católica, de frequentarem algum Sacramento (primeira comunhão, matrimônio). Há casos de católicos engajados que passaram a fazer parte de alguma Igreja Pentecostal. Estes casos, apesar de serem bastante comentados quando acontecem, são a grande minoria dos casos.

A experiência de entrada em uma Igreja Pentecostal – conhecida popularmente como "virou crente" – é uma verdadeira experiência de conversão. Ou seja, uma mudança de vida, de hábitos, de comportamento por causa da experiência religiosa feita nessa Igreja. Constrói-se, então, uma nova identidade. Nessa nova identidade, é preciso ficar claro que houve uma mudança de vida, que é tornada visível pela forma externa de se vestir, pelo novo comportamento para com os filhos, pela linguagem (a utilização frequente do nome de Deus ou de Jesus), pela formação de um novo círculo de amizades, caracterizadas pelo afastar-se de certas amizades e pelo cultivo consciente de outras (amizades dentro do novo grupo), um engajamento eclesial marcante e forte (participação em todos os cultos, leitura frequente da Bíblia), num novo comportamento social (não frequentar mais bares, danças…). Essa nova identidade é construída por meio da oposição explícita à identidade anterior: tudo se faz para mostrar que não se é mais como antes, que houve uma mudança radical da identidade por causa da religião. Como a nova Igreja é o centro da nova identidade, todas as atitudes anteriores – agora identificadas como errôneas – são tidas como atitudes relacionadas com a antiga identidade religiosa. Ou seja, eram atitudes de católicos. Agora se faz de tudo para mostrar que não se é mais católico. Ou seja, a identidade é construída na diferença para com o anterior. No caso, na diferença para com a identidade católica. A grande maioria das Igrejas pentecostais construiu suas identidades religiosas no Brasil justamente tendo como base a oposição/diferença à Igreja Católica. Com as atitudes e a nova maneira de ser, tenta-se provar exatamente isto: não se é mais católico. E tudo o que diz respeito ao catolicismo é, pois, errôneo ou deve ser evitado. Essa atitude é, não raras vezes, cultivada pela própria liderança destas Igrejas, para manter seus fiéis em contraste com o catolicismo, caracterizando assim uma identidade pela diferença.

Do ponto de vista institucional, era questão de sobrevivência para estas Igrejas pentecostais nascentes marcar sua diferença para com o grande mundo católico. Uma instituição pequena tem uma necessidade muito maior de coesão, de marcar posição, de fazer oposição, que uma grande, que não sente sua identidade ameaçada pela existência do outro.

Passados mais de 100 anos do surgimento do pentecostalismo no Brasil e com a criação de centenas de Igrejas com esse viés, não se pode mais dizer que a identidade pentecostal tenha entre seus elementos mais marcantes a diferenciação e distanciamento do mundo católico. O pentecostalismo criou identidade e cidadania próprias no Brasil e passou a se identificar muito mais com a chamada pauta de costumes, com uma interpretação bíblica mais literal e individual, com estilos musicais, com o esforço por ações em conjunto principalmente no que tange à atuação político-partidária etc. E, mesmo dentro destas identidades próprias, não se pode afirmar que haja uma unidade identitária no mundo pentecostal, havendo inclusive, no que tange a alguns elementos – como o da pauta dos costumes – muita proximidade com os setores do catolicismo conservador. No que diz respeito, entretanto ao diálogo eclesial com o catolicismo, esse fator da identidade criada na oposição e na diferença dificulta enormemente qualquer movimentação de ecumenismo por parte destas Igrejas em relação à Igreja Católica Romana no Brasil. Não se pode dizer, todavia, que estas Igrejas não tenham um espírito ecumênico. Elas têm um ecumenismo – mesmo que um ecumenismo de solidariedade – com outras Igrejas pentecostais. Nestas ações em conjunto, pode-se ver a possibilidade – e que de fato ocorre – de um ecumenismo. Mas um ecumenismo com a Igreja Católica, pelo menos em ação ecumênica direta, é ainda bastante dificultado, exatamente pelo fenômeno ao qual chamávamos a atenção acima, da identidade na oposição.

5.3 É possível um ecumenismo católico-pentecostal?

Essa pergunta apresenta uma complexidade que impede uma resposta simplista de "sim" ou "não". Convém iniciar a explanação considerando a postura dos católicos perante essas Igrejas. Observa-se, por um lado, a dificuldade que membros dessas Igrejas encontram ao interagir com católicos e, por outro, a resistência dos católicos aos contatos com membros das Igrejas pentecostais. Importa ainda notar que, no percurso ecumênico, por vezes acidentado, entre as diversas denominações cristãs, a ascensão das Igrejas pentecostais representa um obstáculo. A despeito do respeito mútuo já estabelecido entre a maioria das Igrejas cristãs – luterana, metodista, episcopal, católica, anglicana, ortodoxas –, parece que o advento pentecostal reverteu esse progresso. Não se pode ignorar que a relação entre católicos e pentecostais de diferentes correntes é marcada por hostilidade, situação pela qual ambas as partes compartilham responsabilidade. Para atenuar tais resistências, torna-se necessário estabelecer algumas distinções claras:

a) Distinguir as diversas Igrejas pentecostais

É muito comum que se fale em "crentes" para designar indistintamente os membros de todas as Igrejas pentecostais. Como vimos rapidamente acima, há grandes diferenças entre as Igrejas pentecostais. Assim, ainda que ambas sejam pentecostais, não se pode confundir a Igreja Assembleia de Deus com a Internacional da Graça. Uma está interessada em formar comunidades, geralmente nas periferias, proporcionando um grande elo de solidariedade e entreajuda entre seus membros, promovendo a leitura da Bíblia como fundamento da comunidade. A outra é uma Igreja de centro de cidade, voltada para as massas e para satisfazer seus anseios religiosos, mas nem a Bíblia nem a formação de comunidades são pontos forte. Em segundo lugar, essa distinção necessária entre as diversas Igrejas pentecostais deve ser feita em respeito aos próprios membros destas Igrejas, pois fazem-na, e desaprovam quem não a faz. E para se poder fazer tal distinção, conhecer as características distintivas de cada Igreja torna-se imprescindível.

b) Distinguir a experiência de fé da prática do pastor

Ou seja, não se pode confundir a experiência de fé feita por alguém em uma destas Igrejas com a orientação ou a prática da direção da Igreja. Esse mesmo critério nós o usamos em relação à Igreja Católica, ao não confundirmos a experiência de fé das pessoas com o padre, suas práticas ou atitudes. Principalmente não se pode medir, valorizar ou desvalorizar essa experiência de fé a partir da medida ou da valorização que temos de alguma pessoa que possa ocupar função de liderança nessa Igreja.

c) Não é porque o médico é ruim, que o paciente não esteja doente

Continuando o pensamento acima, é preciso reconhecer que não é a atitude de alguma liderança que faz com que a experiência de fé tenha mais ou menos seriedade. A experiência de fé do fiel está ligada a ele, e não à direção ou orientação de sua comunidade. Esse fato da busca e da necessidade de uma experiência de fé nos moldes como é oferecida por uma determinada Igreja deve ser levado a sério e respeitado. A busca de fé da pessoa deve ser colocada acima da avaliação da instituição.

d) A fé da pessoa precisa ser levada a sério

E essa busca, por estar no nível da fé, é algo para nós a ser respeitada com a mesma profundidade da busca com que acontece a própria fé. A fé é definida como a resposta do ser humano ao chamado divino, é o resultado do encontro divino e humano e esse encontro é reconhecido na teologia como graça. Por mais estranha que seja para nós a resposta de fé dada em uma determinada Igreja, desprezar a experiência de fé, como encontro divino – humano, como experiência da graça, é de certa forma desprezar a própria forma de nossa identidade de fé.

e) Como cristãos, cumpre-nos discernir as razões que levam muitas pessoas ao engano

Nota-se que várias Igrejas surgidas recentemente buscam ativamente as contribuições financeiras de seus membros. Em nome da oferta de experiência religiosa, ocorre também a exploração indevida dessa mesma busca para benefício de poucos. Supondo que a procura por uma experiência de fé dessas pessoas seja sincera e que muitas delas se identificavam apenas nominalmente como católicas, é necessário questionar a falta de sensibilidade das comunidades católicas ao não reconhecerem essa procura autêntica.

f) Perguntar sobre nossas comunidades

A partir da constatação anterior, faz-se necessário pensar as próprias comunidades católicas, pensar como oferecem espaço de experiência religiosa cuja demanda acontece nos moldes pentecostais. O interesse pelo outro no ecumenismo é sempre também um interesse por si mesmo. Assim, a preocupação das comunidades católicas com o fenômeno pentecostal também deveria levá-las a avaliar a sua própria atuação religiosa e a própria capacidade de reagir aos anseios que nascem no meio do povo etc.

g) Não somos o único espaço legítimo da experiência cristã

Um último ponto a ser considerado nestas diferenciações prévias de nossa posição diante do fenômeno do crescimento das Igrejas pentecostais e o ecumenismo, é reconhecermos claramente que não somos – comunidades católicas – o único espaço legítimo da experiência cristã e sua expressão. Vale recordar, somos seguidores de Jesus Cristo, herdeiros de sua mensagem. Mas não podemos de modo algum nos pôr na posição de comunidades que detêm o monopólio sobre a experiência cristã. Essa posição pode parecer à primeira vista uma relativização de nossa experiência. É, no entanto, uma posição importante a contribuir no diálogo ecumênico. Quando conseguirmos entender e sentir que não temos exclusividade na expressão cristã, a aceitação do outro, ainda que a experiência dele pareça estranha a meu modo de pensar, agir e experienciar, torna-se mais fácil.

Depois de fazermos estas distinções, temos de ponderar a possibilidade da construção de um relacionamento positivo entre católicos e membros das diversas Igrejas pentecostais. A primeira coisa de que devemos estar cientes é o fato de todos sermos cristãos, seguidores de Jesus Cristo. E Jesus nos deixou como maiores mandamentos o amor a Deus e ao próximo. A prática do amor ao próximo é, pois, a primeira exigência da atitude do cristão e, portanto, dos católicos. Não ter uma atitude de amor ao próximo diante do membro de uma outra confissão religiosas é renegar a própria identidade cristã.

Outro ponto importante é ter a consciência da necessidade de uma abertura para o diálogo. Ou seja, criar uma atitude básica que se predispõe a dialogar em vez de se predispor logo à hostilidade. Uma atitude de diálogo é uma atitude de saber ouvir o outro, de ter consciência de não ser o único a ter a verdade, tampouco ser o dono de Jesus Cristo.

Dentro dessa atitude de abertura ao diálogo, há um terceiro ponto importante que é ter clareza na própria identidade. O encontro com o outro deve levar cada um a perguntar-se o que é específico da própria identidade. O diálogo não acontece quando não há uma clareza na própria identidade. E mais do que isso, diria até que ao diálogo é importante também a defesa da própria identidade.

Para além das atitudes de amor ao próximo, de abertura ao diálogo, de dar importância à própria identidade, faz-se necessário que os católicos tenham ainda duas atitudes especificamente relacionadas com o ecumenismo. Uma poderia ser caracterizada como *ecumenismo prático* ou *ecumenismo do cotidiano*. O ecumenismo prático é aquele que acontece na prática do dia a dia, quando acontece muitas vezes que nos relacionamos com pessoas pertencentes a alguma Igreja Pentecostal. Esse relacionamento pode se dar pela família, pela vizinhança, pelo trabalho e assim por diante. No centro do ecumenismo prático não está a questão religiosa, mas sim as questões do dia a dia, que dizem tanto respeito a mim como ao outro. Um bom entendimento destas questões no ambiente de trabalho, na vizinhança, e nas associações já é um passo para superar as distâncias entre as pessoas, para poder ver o outro com os olhos da normalidade e da benevolência. Não se pode parar, todavia, apenas no estágio do ecumenismo prático. É importante passar para uma segunda atitude, que se poderia chamar de *ecumenismo ativo*. *Ecumenismo ativo* é a capacidade de buscar o diálogo no nível religioso. Ou seja, não ficar em uma posição passiva, em que o ecumenismo – se ocorrer – é apenas uma reação à iniciativa do outro. Caso os dois lados esperem a iniciativa do outro, o encontro ecumênico nunca acontecerá. Um pouco de ousadia, de iniciativa, na busca do diálogo, faria muito bem ao ecumenismo.

6
Ecumenismo a varejo: sugestões para práticas ecumênicas nas comunidades

Vimos até agora o ecumenismo como fenômeno religioso, como movimento histórico contrário às divisões, vimos a espiritualidade ecumênica, as propostas concretas de diversos grupos cristãos, cada qual com sua compreensão de Igreja, de ecumenismo, de unidade. Por fim, vimos um problema específico no âmbito do ecumenismo que é a questão do pentecostalismo – sobretudo o que ocorre no Brasil. Nesta última parte, vamos ver questões práticas de ecumenismo tanto no âmbito de comunidades como no da vivência do dia a dia ecumênico. Não se trata tanto aqui de examinar o ecumenismo, nem de oferecer receitas ecumênicas, mas de fazer algumas observações de um nível menos pretensioso, mais local e de pequeno passo. Poderíamos chamar esse nível de ecumenismo a varejo, o que ocorre no pequeno, no âmbito familiar, no cotidiano, que ocorre quando fiel encontra fiel, quando o tema nem sempre é o ecumenismo, mas pode ser um componente.

Antes de iniciarmos o tema, é necessária uma observação prévia: o *ecumenismo a varejo* não pertence necessariamente ao movimento ecumênico como tal, pois nem sempre se trata de situações em que a vontade ecumênica norteou as ações. Mas o ecumenismo a varejo não deixa de ter importância para o movimento ecumênico, sobretudo no sentido de ser um facilitador, um quebra-gelo para as posições institucionais, muitas vezes empedernidas por acontecimentos históricos, por preconceitos, por inseguranças de parte a parte. Como facilitador, o ecumenismo a varejo pode desencadear ações ecumênicas mais significativas. E, sobretudo nesse aspecto, repousa a maior importância desse modo de acontecer do ecumenismo. Não se pode deixar de dizer, por fim, que ele não substitui nem deve ser paralelo ao ecumenismo como ação consciente e organizada.

6.1 Ocasiões ecumênicas

Vivemos em uma sociedade marcada pela pluralidade. Em todos os sentidos: pluralidade de cosmovisões, de busca e oferta de sentidos, de religiões e – o que interessa à nossa causa – de Igrejas cristãs. Nossa sociedade está repleta de Igrejas cristãs, das mais diferentes matizes e origens, com os mais diversos estilos de cultos, organizações e tradições. Essa realidade de pluralidade cristã é integrada aos poucos em nossa sociedade brasileira como um fato consumado. Deixou de causar estranheza, sobretudo nas grandes cidades, o fato de diversas igrejas cristãs conviverem como vizinhas em um mesmo quarteirão, em uma mesma rua, quiçá lado a lado. Nos bairros mais populares e de periferia, é grande e forte a presença de diversos templos cristãos, que convivem lado a lado. O modelo colonial da cidade, segundo o qual a igreja matriz (católica) ficava na praça central e era ponto de referência, não é mais necessariamente uma constante, apesar de ser ainda comum em muitos lugares. Aos poucos, o estereótipo urbano cristão-católico dá espaço a uma série de presenças de igrejas cristãs. Não causa mais estranheza a existência de famílias cujos membros pertencem a diversas confissões cristãs. A presença de múltiplas confissões cristãs em um espaço delimitado propicia aos fiéis das diferentes denominações que não vivam isolados, mas compartilhem muitos aspectos da vida diária. Diversas ocasiões proporcionam uma convivência que pode ser proveitosa para ajudar o avanço de um movimento ecumênico. Citamos algumas destas possibilidades aqui:

a) O engajamento social comum

É muito comum que, em diversos movimentos populares e sociais, cristãos de diversas denominações se engajem lado a lado. Entre estes movimentos, podemos citar associações de moradores, sindicatos, comissões de fábrica, associações diversas de funcionários (escolares, ecológicas etc.) e inclusive em partidos políticos. O que norteia o engajamento é geralmente uma causa comum a todos os engajados, como reivindicações de melhorias (caso típico das associações de moradores), apoio a uma obra de interesse comum, ou associações motivadas por algo que une as diversas pessoas (trabalho, lazer, estudo). Pode-se perceber o engajamento comum também quando ocorrem campanhas por alguma necessidade (exemplos típicos são as campanhas por ocasião de alguma catástrofe). Nesse tipo de engajamento social comum, não está em questão a pertença religiosa, mas ela não costuma ser um fator desconhecido. Principalmente em movimentos sociais (associações, sindicatos, partidos) as pessoas se conhecem suficientemente para saber da militância religiosa do outro, ainda que não mencionem abertamente o assunto. Para o ecumenismo, é relevante notar que essa prática de engajamento comum demonstra ser possível unir-se de tal forma que a diferença de credo seja – no movimento em questão – um assunto de importância secundária. A importância primária é dada àquilo que une e aproxima as pessoas, e não àquilo que as divide e afasta. O sentir comum, tão importante para o movimento ecumênico, e o sentimento de pertença comum são fatores presentes nestas ocasiões e podem ajudar a desencadear com mais facilidade um processo de compreensão mútua no tocante à pertença e à militância eclesial.

b) Comemorações cívicas: datas cívicas, posse de autoridades, inaugurações

O engajamento social comum e a convivência em uma mesma sociedade de membros de diversas confissões cristãs trazem consequências diversas que exigem também a participação comum. São os casos de celebrações de datas cívicas, nas quais a programação é feita em comum, em que se pode incluir ou não um ato religioso e em que é comum convidar autoridades religiosas para se fazerem presentes. Ainda que não ocorra um ato expressamente religioso, há o engajamento comum na preparação da programação para estas datas. A presença de membros de distintas Igrejas em solenidades de posse de autoridades, que variam do presidente da República ao líder da associação de moradores, incluindo prefeitos e dirigentes de entidades, é uma ocorrência comum. Nas inaugurações de obras públicas, a presença de membros de diferentes confissões é habitual, de modo que a tradicional bênção do padre, indício de um período de hegemonia católica, torna-se cada vez menos frequente e evita-se particularmente quando participam pessoas de múltiplos credos. Quando se faz necessário, prepara-se o programa religioso de modo que contemple, de alguma maneira, todos os credos presentes ou, no mínimo, que não os ofenda. Esse cuidado por si só exige uma sensibilidade ecumênica mais precisa.

c) Celebrações da vida: aniversários, casamentos, bodas, formaturas

Tornam-se cada vez mais comuns celebrações de etapas da vida em que a presença de pessoas de diversos credos não surpreende. Quando há, na mesma família membros de diversas Igrejas, esse encontro é comum em festas de famílias: aniversários, casamentos, Natal, Páscoa, Ano-Novo. A realização de casamentos com membros de diversas Igrejas é, às vezes, a oportunidade para membros de uma Igreja entrar pela primeira vez no templo de outra Igreja.

E como há no casamento uma cerimônia religiosa, é oportunidade para participar de uma celebração em outra Igreja. Embora não se possa chamar isso logo de ecumenismo, essa convivência mútua e pacífica em rituais anuais – ou que ocorrem poucas vezes – importantes para os membros da família é por si só importante, porque fornece a oportunidade de participação comum na oração, que é um dos pontos-chave no movimento ecumênico. Além disso, a presença de membros de diversas Igrejas em uma família, seja por casamento, seja por mudança de credo, indica outro fator que não pode ser desprezado no âmbito ecumênico: a importância da amizade pessoal. Quando há amizade pessoal e profunda entre membros de diversas Igrejas, o outro não é mais um estranho, alguém com o qual não se quer ter contato; pelo contrário, o outro é mais próximo, há interesse pelas coisas do outro, há partilha de ideias, de alegrias, de necessidades.

d) O espaço escolar

Um outro acontecimento na vida das pessoas que é cada vez mais celebrado de forma ecumênica são as conclusões de cursos (formaturas). Na grande maioria das instituições de ensino, estão presentes alunos de variadas Igrejas. As cerimônias de formaturas são amiúde feitas com uma celebração ecumênica. E aqui já se trata de uma situação mais explícita de ecumenismo. Não apenas as formaturas, mas as próprias escolas são lugares que podem favorecer o *ecumenismo a varejo*: o contato entre alunos de diversas confissões, a presença de professores de diversas confissões. A escola também pode ser um lugar de exercício consciente de ecumenismo. Sobretudo o ensino religioso escolar deve estar atento para a questão ecumênica. Nele, há espaço para educação das coisas básicas do ecumenismo: respeito mútuo, compreensão, conhecimento do outro, visão positiva da diversidade, educação para a convivência fraterna. Há, nessa disciplina (ensino religioso), inclusive espaço para tratar direta e positivamente da diversidade eclesial e para refletir a respeito desse fator na sociedade.

6.2 Passos na busca ecumênica das comunidades

Desde a declaração *Unitatis Redintegratio* (1964), do Concílio Vaticano II, a Igreja Católica Apostólica Romana colocou-se oficialmente favorável ao movimento e à prática ecumênica. De lá para cá, foram criados diversos organismos eclesiais em nível mundial para promover o ecumenismo, coordenados pelo Conselho Pontifício para a Promoção da Unidade dos Cristãos. Além disso, esse Conselho em seu diretório incentiva as dioceses a criar mecanismos diocesanos que promovam o diálogo ecumênico. Apesar dessa posição clara da hierarquia católica a favor do ecumenismo, o ecumenismo na base católica (nas comunidades) ainda é algo bastante desconhecido. E isso a meio século do Concílio Vaticano II! Essa é, na prática, uma das dificuldades para o ecumenismo. Por um lado, ele é assumido oficialmente pela instituição Igreja Católica, por outro, é quase desconhecido nas bases do catolicismo. Nesse âmbito, ainda reina amiúde a ideia de que o ecumenismo é algo errado, que não deve ser praticado, que não é desejado pela Igreja Católica, que é mais ou menos proibido pela hierarquia. Práticas ecumênicas são colocadas muitas vezes à margem das comunidades. Não é para menos, pois, quase todos os cristãos (não só católicos, mas também) cresceram e foram educados ouvindo falar mal do outro. Esse não é, pois, um fenômeno exclusivamente católico. Também em outras Igrejas se pode observar que enquanto a hierarquia apoia o ecumenismo, nas bases ele é visto com desconfiança e rejeitado. Um passo importante para superar essa dificuldade é tematizar o ecumenismo dentro das próprias comunidades. Assim, a comunidade poderá se defrontar com a questão, poderá perceber a sua importância e a necessidade, antes de ter uma experiência ecumênica direta, o que poderia chocar os desavisados.

Para iniciar uma prática ecumênica no contexto das comunidades cristãs católicas, para além da importância de a comunidade se defrontar com o tema e perceber a sua importância antes de um contato direto com outra comunidade, há outros fatores que podem colaborar com o ecumenismo no âmbito das comunidades. Alguns fatores, sem ordem de importância:

a) O conhecimento mútuo

É de muita importância que as comunidades envolvidas em algum processo ecumênico se conheçam mutuamente, pelo menos minimamente. Ou seja, que o encontro ecumênico não aconteça entre dois corpos eclesiais estranhos. O conhecimento e amizade pessoal entre membros das Igrejas envolvidas num processo ecumênico podem ser de muita valia. É interessante para isso que a comunidade eclesial saiba algo das outras comunidades: sua história, sua organização, sua forma litúrgica, suas tradições e coisas semelhantes.

b) O contato como comunidade

É importante que o contato ecumênico aconteça no âmbito da comunidade de fé. A presença de um grupo de fiéis de forma conjunta é importante no processo ecumênico devido às inseguranças que ainda cercam a questão. O contato com outra Igreja, sendo ele feito como comunidade de fiéis, e não de forma ou iniciativa individual, dá às pessoas envolvidas no processo uma maior segurança e identidade com o seu grupo. Assim, seria de muita valia que pudessem ocorrer – sobretudo em ocasiões especiais como aniversário de fundação da comunidade ou natalício da liderança – visita de um grupo de pessoas da comunidade.

c) O valor dos gestos

A linguagem simbólica e de gestos é por vezes muito mais profunda e convincente que o discurso teórico. Isso precisa ser também utilizado no âmbito ecumênico. É importante valorizar gestos simbólicos que demonstrem o espírito de unidade. Gestos de deferência, de respeito mútuo, de benquerença transmitem com eficácia o desejo de unidade.

d) A importância da participação das lideranças eclesiais

As lideranças eclesiais têm um papel importante e decisivo no processo ecumênico para a comunidade. Para muitos cristãos católicos – e talvez também para cristãos de outras denominações – é uma novidade que a sua Igreja seja a favor do ecumenismo. Ainda há muita insegurança em relação ao contato religioso com membros de outras Igrejas, em relação ao perigo que isso pode acarretar. Há ainda muitos cristãos católicos que pensam ser proibido na Igreja Católica ter contato com cristãos de outras Igrejas. Estes medos e inseguranças são mais facilmente diminuídos quando as lideranças eclesiais participam de movimentos ecumênicos, já que deixam claro, só pelo ato de participar em si, que a Igreja – como instituição – está envolvida no processo de busca de unidade entre os cristãos. Uma posição clara da liderança eclesial constituída, em favor do ecumenismo, contribui para tirar muitas dúvidas e inseguranças da cabeça dos fiéis a respeito do contato com Comunidades Eclesiais de outras confissões.

6.3 Problemas comuns do cotidiano ecumênico

A tentativa de promover a unidade entre os cristãos amiúde esbarra em problemas do cotidiano que, apesar da boa vontade de se procurar ecumenismo, por vezes fazem a tentativa fracassar. Muitas vezes, são questões menores e até prosaicas, mas que se tornam pontos de embate com os membros de outras denominações para quem está na base. Sem querer dar solução, apontamos aqui alguns desses problemas:

a) A questão das imagens

Um dos pontos de divergência mais comuns entre cristãos de diversas denominações é a questão das imagens. De um lado, estão os católicos com uma grande tradição no que diz respeito ao costume de usar imagens de santos em suas casas e em seus templos e, do outro lado, está a posição de diversas Igrejas contra o uso de imagens. Para se justificar a posição contrária às imagens, se utiliza passagens bíblicas em que há a proibição de adorar imagens. Ainda que se faça a distinção de que os católicos não adoram imagens, mas sim as veneram, temos de reconhecer que, às vezes, há, por um lado, um certo exagero no seio do catolicismo no tocante à utilização de imagens, usadas quase que como objetos mágicos e, por outro, uma intolerância no que diz respeito à tradição no uso de imagens. É preciso reconhecer que há exageros parte a parte. É importante para os católicos recordarem aqui o texto da *Unitatis Redintegratio* (n. 11), no qual o Concílio Vaticano II expõe e assume a ideia da "hierarquia de verdades", ou seja, nem todos os pontos da doutrina cristã católica podem ser colocados no mesmo nível. Assim, a veneração de imagens é um desses pontos de importância secundária em relação às verdades centrais da fé, as verdades que dizem respeito a Deus, a Jesus Cristo, ao Espírito Santo, ao Evangelho. Não se deve fazer essa questão do uso das imagens mais importante do que ela é. Talvez a analogia da imagem como recordação de pessoas importantes na história da Igreja com uma fotografia tirada para recordar da mãe, do pai, da esposa, dos filhos, possa ajudar no diálogo. Mas é preciso ter claro, no cotidiano ecumênico, que há uma divergência entre as diversas confissões cristãs no que diz respeito ao uso, lugar e importância das imagens.

b) As divergências doutrinais

Sem dúvida há divergências doutrinais entre as diversas Igrejas. Elas não são poucas e nem são fáceis de serem resolvidas (se é que precisam ser resolvidas). Na base, nas comunidades ocorrem muitas vezes discussões do tipo: "a minha Igreja acredita nisso", "a tal Igreja acredita naquilo". São divergências mais de pontos de vista que de questões doutrinais importantes e estas discussões levam a uma busca do "quem tem razão". Estas discussões por vezes apenas aprofundam divergências desnecessariamente. É importante que cada fiel conheça a tradição de sua Igreja para ter firmeza na argumentação. Mas deve ter também tal abertura para dizer que o outro tem uma interpretação diferente. O conhecimento da própria tradição e o respeito à diversidade de opiniões e interpretações em muito ajuda a diminuir tensões desnecessárias.

c) A Igreja verdadeira

Outro assunto que muitas vezes causa polêmica no cotidiano ecumênico é a discussão de "qual é a verdadeira Igreja?". Em primeiro lugar, é preciso fazer uma observação óbvia: cada fiel está convencido de que a sua Igreja é a verdadeira. Se assim não fosse, ele lá não estaria. É importante que cada fiel esteja convencido de sua Igreja, ainda que isso seja um dos pontos de discórdia. Entrar, pois, nessa discussão da *verdadeira Igreja* é entrar num beco sem saída. Este é, portanto, um ponto a ser respeitado: que cada qual defenda que a sua Igreja é a verdadeira. O que às vezes acontece nesse nível da discussão é que se atribua à Igreja funções e tarefas que não são suas. Por exemplo: quem está nessa Igreja está salvo, quem está naquela Igreja está perdido. Ora, não é função da Igreja decidir quem está salvo e quem está perdido. O Evangelho pede expressamente que não julguemos e diz que a Deus cabe o julgamento acerca da salvação ou da perdição. É, portanto, muita pretensão atribuir a uma Igreja, seja ela qual for, uma prerrogativa exclusiva de Deus.

d) O papa é a besta do apocalipse (ou o anticristo)

Eis outra questão-problema do dia a dia de convivência entre cristãos, sobretudo entre fiéis católicos e fiéis de Igrejas em que essa opinião contra o papa é propagada. Trata-se de uma opinião que revela fanatismo e falta de vontade para o diálogo. Não adianta nem discutir esse tipo de tese, pois ela simplesmente está no nível da falta de respeito diante do outro. Saber quando calar também é uma atitude dialogal.

e) A nossa Bíblia é verdadeira; a outra, falsa

A existência de duas listas distintas de livros canônicos nas tradições eclesiais cristãs muitas vezes leva à acusação de inveracidade desta ou daquela Bíblia. As diferenças entre as listas de livros canônicos remontam à origem da formulação da lista canônica. Não se trata, portanto, de haver uma lista falsa e outra verdadeira, mas simplesmente de haver listas com diferenças, as quais, aliás, são pouco expressivas diante da totalidade do texto bíblico. Na discussão acerca da autenticidade bíblica, portanto, seria proveitoso o conhecimento do nascedouro dessas divergências textuais.

f) O católico bebe e o crente só está atrás de dinheiro

Outros problemas que muito atrapalham o dia a dia ecumênico são as generalizações e os estereótipos, como os acima citados e muitos outros. Não se pode generalizar do comportamento de uma pessoa para todos os fiéis daquela Igreja, nem se pode julgar uma Igreja pelo comportamento de um de seus fiéis. Como católicos acham injusto que se julgue a sua Igreja pelo mau comportamento de algum de seus membros, também não se pode rotular os membros de uma outra Igreja pelo comportamento (errôneo) de algum de seus fiéis. Estas generalizações são injustas, contribuem apenas para reforçar preconceitos muitas vezes já existentes e só aumentam a distância entre cristãos.

6.4 Algumas indicações simples e práticas

Nesse *ecumenismo a varejo,* há também coisas pequenas que não fazem propriamente parte do processo ecumênico, mas podem contribuir para com ele quando percebidas. Trata-se de alertar para coisas do bom-senso, para detalhes que podem ajudar na convivência ou pelo menos não suscitar provocações no relacionamento entre fiéis de diversas Igrejas, por vezes sensíveis e facilmente irritáveis.

a) O alto-falante

Não se trata de um instrumento propriamente ecumênico, mas sem dúvida com o poder de azedar as relações entre Igrejas diversas. Ou seja, faz parte do bom-senso e do espírito ecumênico não colocar sistema de som em público de tal modo a irritar (ou provocar) os outros.

b) A procissão

Muitas comunidades (principalmente da tradição católica) têm o costume de fazer procissões, levando inclusive um andor com a imagem do santo padroeiro. Outras comunidades condenam estritamente essa prática e sentem-se irritadas quando são feitas procissões que passam em frente à sua comunidade. Seria muito interessante que ao ser escolhido o roteiro da procissão, bem como o horário, houvesse uma atenção especial para se perguntar pela presença de outra Igreja nesse trajeto e – se for o caso – saber do horário da celebração, para não coincidir que a procissão passe cantando em frente a outra Igreja que se encontra justamente em oração. Uma tal coincidência seria sem dúvida interpretada como provocação.

c) A sensibilidade mútua

Cada maneira de crer tem uma forma específica de expressão de fé. Os fiéis de uma determinada confissão têm uma sensibilidade de fé diferente dos de outra. É importante para o ecumenismo perceber isso e não ferir a sensibilidade mútua. Ou seja, se há coisas da parte do outro que podem ferir a minha sensibilidade, pode haver também coisas de minha parte que ferem a sensibilidade do outro. Para saber disso, é preciso conhecer um pouco o outro, saber do seu modo de ser cristão, saber daquilo que lhe é agradável, como também daquilo que lhe é desagradável. Procurar evitar o que é desagradável ao outro é um bom sinal de espírito ecumênico. Como exemplo, podemos citar aqui a questão de acender velas, o uso de imagens, da recitação de determinadas orações etc.

d) Evitar pontos de atrito

Há certos assuntos que são lugares-comuns de atritos na relação entre cristãos, principalmente entre católicos e cristãos de algumas outras denominações. Entrar propositadamente nesses pontos em nada contribui para o relacionamento ecumênico. É mais prudente evitar estes pontos de atrito, pois uma discussão deles não muda a posição de ambos os lados, apenas colabora para afastar as pessoas e para acirrar os ânimos. Assim, por exemplo, a questão de Maria, das imagens, do papa, do dízimo. As posições a respeito desses assuntos geralmente já foram fixadas de tal modo que o bom-senso humano pede que se evite estes pontos de atrito no encontro com o outro.

e) Vigiar a linguagem

Nosso modo de falar a respeito do outro muitas vezes revela preconceitos já enraizados em nossa vida. Estes preconceitos por vezes cresceram conosco e nem nos damos conta de que a linguagem que utilizamos para nos referir ao outro pode ferir, maldizer ou ofender os irmãos de outra confissão. É importante fazer um esforço pessoal no sentido de vigiar a própria linguagem, evitar expressões preconceituosas e sobretudo piadas que depreciam a imagem do outro.

f) Combater os crentes

Em muitos católicos ainda persiste uma atitude pré-conciliar de acharem que se deve *combater os crentes*. Essa atitude não mais é condizente com a posição oficial do catolicismo frente a outras denominações, de modo que deve ser superada. Chega-se, inclusive, às vezes a querer que haja nas comunidades mais estudos bíblicos para poder melhor combater os crentes. Que a Bíblia seja cada vez mais estudada nas comunidades, mas nunca como preparação para a guerra contra os outros.

g) Utilizar assuntos comuns

Uma conversa ou troca de ideias entre membros de diversas Igrejas decorre com muito mais fluência quando são postos assuntos comuns. Principalmente os Evangelhos oferecem muitos temas de conversa que – mesmo havendo divergência de interpretação – possibilitam que a discussão seja proveitosa para ambos os lados.

Conclusão
O sonho do Pai: uma parábola ecumênica

Jesus, quando enviou os seus discípulos para pregar, disse que, quando entrassem em uma casa, a primeira coisa que deveriam dizer era: "A paz esteja nesta casa". Certamente Jesus usou a palavra *shalom*, que quer dizer paz num sentido amplo: benquerença, bem-estar, fraternidade, união no amor e partilha.

E assim os cristãos saíram para anunciar *shalom* às pessoas, para serem mensageiros da paz. E a Bíblia diz: "Felizes os pés de [...] quem anuncia a paz". Esse era o Evangelho anunciado pelos seguidores de Jesus: a Boa-nova, a Boa-notícia da paz. Serem mensageiros da benquerença, da fraternidade era a missão dos seguidores do mestre. E eles conseguiram em poucos anos contagiar uma grande região, estes mensageiros da paz. Formaram comunidades que queriam viver como o mestre havia ensinado: no amor mútuo, na partilha, na fraternidade, no *shalom*. E os outros diziam quando os viam: "Vede como eles se amam!". E esses grupos foram chamados de *cristãos*, aqueles que seguem o Mestre que mandou dizer "A paz esteja convosco" (Lc 24,36). Essas comunidades eram o lugar concreto onde se criava um espaço para a paz, a fraternidade, a união de todos. Havia, claro, problemas nas comunidades, nem tudo funcionava às mil maravilhas, havia atritos. Mas estes eram secundários: o importante era estar apaixonado pelo Mestre, pelo seu modo fraterno de vida e anunciar que Ele não estava morto, que Ele vivia, que Ele estava presente onde sua mensagem se tornasse realidade, que Ele estava ali na figura de cada ser humano, que Ele estava presente no faminto, no sedento, no sem-roupa, no prisioneiro... e que a ação em favor desse seria uma ação em favor dele mesmo. E mais do que isso, os cristãos passaram ter a certeza de fé de que onde o pão fosse repartido, onde o vinho fosse compartilhado, ali se estava celebrando verdadeiramente a sua memória, pois se recordavam das palavras do Mestre havia dito após a partilha do pão e do vinho: "Fazei isto para lembrar de mim" (1Cor 11,23-26). E assim o Mestre continuava presente realmente onde se vivia o que Ele havia anunciado. E todos os que viviam sua mensagem tinham a certeza de que não o faziam em nome próprio, mas dele, pois Jesus é o Senhor. E, assim, sua presença entrou na história por meio das comunidades de *cristãos*...

Séculos mais tarde, o próprio Mestre resolveu visitar a terra de novo pessoalmente. Como já havia feito da primeira vez, tomou a forma de uma pessoa, e foi passear pelo mundo. Resolveu visitar os seus discípulos. Com alegria constatou que havia muitas comunidades. E resolveu olhar a coisa mais de perto. Entrou numa comunidade em cuja frente se lia "Assembleia de Deus". Participou do culto e achou muito interessante: havia muita alegria no canto, muita empolgação na pregação. Ficou muito feliz em poder participar e, ao fim, apresentou-se ao dirigente do culto. Esse, por sua vez, não cabia em si de tanta felicidade em saber que Jesus estava pessoalmente na comunidade.

E Jesus continuou sua visita. Entrou numa outra igreja. Não havia nada escrito na frente, mas, ao perguntar, soube que se tratava da Igreja do Sagrado Coração de Jesus. E celebravam ali a memória da última ceia. Jesus ficou até emocionado ao ver que o que dissera há muito tempo, continuava a ser repetido "em memória dele". Ali também havia cantos, pregação, oração. Achou até interessante alguns detalhes dali. Viu como davam importância à tradição, à história e, para não deixar a memória passar, colocavam figuras de pessoas que haviam vivido intensamente sua mensagem. Encontrou até uma figura que representava sua mãe. No fim da celebração, Jesus foi falar com o sacerdote e ao sacerdote se apresentou. O sacerdote ficou tão surpreso e alegre que queria logo falar com o bispo e convocar todos os sacerdotes para dar a Boa-nova da presença de Jesus na comunidade.

Depois disso, Jesus foi à outra comunidade. Viu que se tratava da Igreja Adventista. As palavras que ele dissera há tanto tempo, ali também eram conservadas e todos tinham a certeza de sua presença. Após a reunião, Jesus quis saber do coordenador por que o adjetivo "adventista" no nome? O coordenador explicou que o nome da Igreja vinha do fato de crerem que Jesus iria voltar, uma volta definitiva para desencadear um tempo de felicidade total. Quando Jesus se deu a conhecer, o pastor quase teve uma parada cardíaca. Mal conseguiu perguntar se o fim do mundo começava. Jesus o tranquilizou e disse que se tratava apenas de uma visita, e não de sua vinda definitiva. O pastor ficou feliz com a visita e pensou: como vou explicar no próximo culto que Jesus esteve aqui pessoalmente? Será que vão crer em mim. Jesus deu a ele uma dica: Recorde ao pessoal o que eu disse no meu tempo: quando dois ou três estiverem reunidos em meu nome, eu estou ali presente. O pastor despediu-se esfregando as mãos de felicidade.

E Jesus continuava seu itinerário. Passou em frente a outra igreja e achou o nome dela até engraçado: "Igreja do Evangelho Quadrangular" e pensou "de que se trata?". Sua dúvida foi desfeita quando um membro da comunidade lhe explicou: A Igreja se chama quadrangular porque anunciamos Jesus Cristo que é Salvador, que batiza no Espírito Santo, que cura e que é o Rei. E Jesus disse: "muito bem pensado". Jesus participou do culto e gostou da animação, da vibração. Gostou também que tivessem conservado a memória da cura pela oração, pela imposição das mãos, como Ele fizera em seu tempo. E lembrou-se da felicidade do cego que estava à beira do caminho e por sua oração passou novamente a enxergar. O pastor ficou muito feliz quando soube da presença de Jesus no culto.

O mestre continuou sua andança. Viu uma outra casa de discípulos. Entrou para ouvi-los e soube que se tratava de uma Igreja Presbiteriana. Ali se dava muita importância à palavra e a tradição do canto também era cultivada com esmero. Jesus gostou da pregação do reverendo pastor. Nessa Igreja, segundo explicaram a Jesus, um grupo de presbíteros e presbíteras era responsável pelas comunidades. Jesus se lembrou de suas palavras: que entre vocês não haja alguém que queira ser maior, mas que todos sejam irmãos. Aquela comunidade ficou cheia de alegria quando no domingo seguinte o pastor afirmou que Jesus estava ali presente.

Depois foi Jesus a outra comunidade: Igreja Batista. O culto foi muito belo e cheio de emoção. Gostou de ver que suas palavras ainda tocavam o sentimento e o coração dos discípulos, mesmo quase dois mil anos depois. Quando Jesus se apresentou ao pastor, após o culto, pastor esse que ficou tão animado que queria iniciar logo uma campanha de casa em casa para anunciar a presença de Jesus Cristo na comunidade. Jesus o incentivou e disse: tenha a certeza da minha presença sempre que você anunciar a Boa-notícia. E na saída perguntou ao pastor se ele lembrava qual a instrução do Mestre para a situação de entrarem em uma casa. Ele sabia a resposta na ponta da língua: "Devo dizer 'a paz esteja nesta casa'". Até Jesus ficou edificado ao ouvir que suas palavras continuavam presentes.

Depois de ter visitado essa e muitas comunidades mais, Jesus estava bastante animado e teve uma ideia: "Vou reunir todos os meus discípulos desta cidade para fazermos uma grande festa. Direi a todos uma palavra, os incentivarei a continuar e, no final da reunião, posso inclusive multiplicar os pães e os peixes, transformar água em vinho e assim fazermos uma grande festa".

Animado com a própria ideia, voltou a procurar as igrejas que tinha visitado. Todos logo se alegravam ao saber que Jesus estava presente na comunidade. E Jesus começou a expor a sua ideia de reunir todos, de fazer uma festa. Qual não foi a sua surpresa ao ouvir as reações. A coisa não era tão simples assim, reunir os discípulos. Cada um mostrava ao Mestre como estava desatualizado e desinformado. "Você por acaso pensa que todas as Igrejas têm a mesma seriedade?"; "Não sabe que existe muita Igreja que só serve para enganar o povo?"; "Parece que você é ingênuo, pois os pastores daquela Igreja só pensam no dinheiro. Com gente assim, eu não me reúno"; "Então parece que você não sabe que aquela Igreja adora imagens e isso é proibido, de modo que não se pode reunir com eles?"; "Então você não sabe que esse negócio de pura emoção nos cultos é só para enganar, para desviar a atenção dos verdadeiros problemas sociais?"; "Não podemos nos reunir com aqueles que não estão na tradição dos apóstolos. Então não vale de nada a sucessão apostólica e ordenação sacerdotal?"; "Parece que você é mesmo ingênuo e não sabe que algumas Igrejas são pura fachada, que são apoiadas pelos Estados Unidos para combater as reformas sociais". Outros achavam a ideia muito estranha: "Mas uma reunião de todas as Igrejas?"; "Isso não é causar muita confusão?"; "Não é misturar religiões?" Quando Jesus tentava perguntar por que estavam divididos, ouvia como resposta outra pergunta: "Por que deveríamos estar unidos?" Alguns ficaram inclusive escandalizados quando Jesus confirmou a sua presença em todas estas Igrejas e que a sua presença era uma alegria para todos.

O Mestre não desanimou e, apesar das dificuldades expostas, convidou a todos para a reunião. Não foram muitos os que apareceram. Jesus passou uma olhada no público e disse consigo mesmo: "Pode ser que não seja muita gente. Mas já está melhor do que da outra vez que aqui estive. Daquela vez, somente doze é que ficaram comigo o tempo todo e, mesmo assim, na hora do apuro, um ainda foi embora. Hoje são dezoito aqui; já dá para começar". E, a estes que se reuniram, Jesus anunciou:

"Como em minha primeira vinda, eu continuo a anunciar o que o Pai me ensinou. E o Pai me disse que tem um sonho. E me contou esse sonho assim: 'Eu sonho com o dia em que todos os meus filhos e filhas sejam um, sejam uma unidade de amor e fraternidade, assim como nós dois somos um. Eu sonho com o dia em que todos vivam no amor, pois, caso permaneçam no amor, eu permaneço em todos e todos permanecem em mim. Eu sei que toda a criação sofre e que geme de dor, até o dia em que estiver reconciliada comigo, e eu serei tudo em todos. Eu sonho com o dia em que todos vão seguir os dois mandamentos principais, dos quais deriva toda lei e os profetas: que cada qual ame a mim e ao próximo como a si mesmo. Sonho com o dia em que não haverá mais divisão, nem ódio, nem tristeza, quando não haverá mais calúnia, não haverá mais desconfiança..."' E, assim, Jesus continuou a contar a todos o sonho do Pai e falou de uma maneira tão serena que muitos começaram a sonhar junto com Ele.

Referências

ALVES, F.A.P. *Cisma na Igreja Católica*: O bispo de Maura e a fundação da Igreja brasileira. Campina Grande: Bagagem, 2021.

ANTONIAZZI, A. et al. *Nem anjos, nem demônios:* Interpretações sociológicas do Pentecostalismo. Petrópolis: Vozes, 1994.

BARROS, M. *O sonho da paz* – A unidade nas diferenças: Ecumenismo religioso e o diálogo entre os povos. Petrópolis: Vozes, 1996.

BIZON, J.; DARIVA, N.; DRUBI (org.). *Ecumenismo*: 40 anos do Decreto Unitatis Redintegratio (1964-2004). São Paulo: Paulinas, 2004.

BOFF, L. *A Trindade e a sociedade*. Petrópolis: Vozes, 1987.

CNBB, *Guia Ecumênico*. São Paulo: Paulinas, 1979. (Estudos da CNBB nº 21).

CNBB, *Pela unidade dos cristãos* – Guia ecumênico popular. São Paulo: Paulinas, 1981. (Estudos da CNBB nº 28).

CONSELHO PONTIFÍCIO PARA A PROMOÇÃO DA UNIDADE DOS CRISTÃOS. *Diretório para a Aplicação dos Princípios e Normas sobre o Ecumenismo*. Petrópolis: Vozes, 1994.

CONCÍLIO VATICANO II. Decreto *Unitatis Redintegratio* em: *Compêndio do Vaticano II*. Constituições, Decretos, Declarações. Petrópolis: Vozes, 1997.

DENZINGER, H.; HÜNERMANN, P. *Compêndio dos símbolos, definições e declarações de fé e moral*. São Paulo: Loyola; São Paulo: Paulinas, 2015.

FISCHER-WOLLPERT, R. *Os papas e o papado*: de Pedro a Bento XVI. Petrópolis: Vozes, 2006.

HORTAL, J. *E haverá um só rebanho*. São Paulo: Loyola, 1989.

JOÃO PAULO II. *Carta Encíclica Ut unum sint*. Petrópolis: Vozes, 1995.

NAVARRO, J.B. *Para compreender o ecumenismo*. São Paulo: Loyola, 1995.

ORO, A.P. *Avanço pentecostal e reação católica*. Petrópolis: Vozes, 1996.

PAULO VI. *Declaração Dignitatis Humanae sobre a liberdade religiosa*. Cidade do Vaticano: Libreria Editrice Vaticana, 1965. Disponível em: https://www.vatican.va/archive/hist_councils/ii_vatican_council/documents/vat-ii_decl_19651207_dignitatis-humanae_po.html

PENNA, R. *As primeiras comunidades cristãs*: Pessoas, tempos, lugares, formas e crenças. Petrópolis: Vozes, 2021.

SANTA ANA, J.H. *Ecumenismo e libertação*: Reflexões sobre a relação entre a unidade cristã e o Reino de Deus. Petrópolis: Vozes, 1987.

STRANSKY, T.F. et al. *Dicionário do movimento ecumênico*. Petrópolis: Vozes, 2005.

TEIXEIRA, F.; DIAS, Z.M. *Ecumenismo e diálogo inter-religioso*. Aparecida: Santuário, 2008.

VERCRUYSSE, J. *Introdução à teologia ecumênica*. São Paulo: Loyola, 1998.

WOLFF, E. *Caminhos do ecumenismo no Brasil*. São Paulo: Paulus, 2002.

WOLFF, E. *Vaticano II*: 50 anos de ecumenismo na Igreja Católica. São Paulo: Paulus, 2014.

Iniciação à Teologia

Coordenadores:
Welder Lancieri Marchini e Francisco Morás

Confira outros títulos da coleção em
livrariavozes.com.br/colecoes/iniciacao-a-teologia
ou pelo Qr Code

Conecte-se conosco:

f facebook.com/editoravozes

⌾ @editoravozes

𝕏 @editora_vozes

▶ youtube.com/editoravozes

☎ +55 24 2233-9033

www.vozes.com.br

Conheça nossas lojas:

www.livrariavozes.com.br

Belo Horizonte – Brasília – Campinas – Cuiabá – Curitiba
Fortaleza – Juiz de Fora – Petrópolis – Recife – São Paulo

      Vozes de Bolso

EDITORA VOZES LTDA.
Rua Frei Luís, 100 – Centro – Cep 25689-900 – Petrópolis, RJ
Tel.: (24) 2233-9000 – E-mail: vendas@vozes.com.br